オッサンの壁

佐藤千矢子

講談社現代新書

2658

はじめに

女性の政治記者が経験した「壁」

政治記者になって間もないころ、ある大手新聞社の男性政治記者と夜回り前に酒を飲んでいて、言われたことがある。

「大勢いる担当記者の中から一歩、抜け出して政治家に食い込むためには、どうすればいいか。まず、どこの社の記者を『外す』かを考える。俺だったら、女性記者だな。だって一番、外しやすいもん」

海部政権下の1990年、自民党の最大派閥・経世会（竹下派、現在の茂木派）の全盛期だった。

その記者は「だから気をつけろよ」と気軽に忠告してくれたつもりだったのだろう。けれども「女性だから」という理由で外されるのなら、気をつけようがない。

ちなみに「外す」というのは、日本の政治記者の間では、政治家との懇談や、担当記者同士の情報交換の場に入れないことを意味する。

別のある男性記者からは、やや自慢げにこう言われた。

「政治家と仲良くなる最もよい方法は、一緒に女遊びをすることだ。お互いに恥部を握り合うから、いっぺんに仲良くなれる」

もちろん、こんな記者ばかりではない。だが、こういう発言を堂々とできる雰囲気があった。こちらも不快に感じながらも、食ってかかるわけでもなく、ただ愛想笑いを浮かべながら黙って聞いていた。

そして、ぼんやりとこんなふうに考えた。「それならば、外されても支障がないぐらいの情報を、サシで取ってきて勝負するしかないのかなぁ」。「サシ」とは、「一対一」「単独」の取材のことだ。「サシの取材で壁を越えるためには、男性記者の1・5倍は無理でも、せめて1・2倍ぐらいの努力はしないといけないだろうなぁ」。

女性の新聞記者、しかも政治部の記者というと、いわゆるバリキャリ（バリバリと働くキャリアウーマン）を思い浮かべる人が多いかもしれない。だが、内実はそんなに格好いいものではない。私自身の記者人生を振り返れば、かなり悲惨なものがある。もっとも、バリキャリのイメージは、もはや「格好いい」ではなく、「あんなふうにはなりたくない」というものに変わっているかもしれない。

自分の政治記者生活はこんなふうにして始まったのだが、話をわかりやすくするために、簡単に自己紹介をしたい。

私が新聞記者になったのは、男女雇用機会均等法が施行された翌年の1987年。毎日新聞に入社し、長野支局勤務を経て、1990年に政治部に配属された。

政治記者1年目の夏、総理番や官房副長官番として首相官邸を担当していた時、イラクがクウェートに侵攻して湾岸危機が起きた。これは日本の外交・安全保障政策の転換点となった。

1992年に自民党の竹下派を担当していた時には、派閥会長だった金丸信・自民党副総裁が東京佐川急便から5億円の闇献金を受け取っていたことが発覚し、事件への対応をめぐって竹下派が分裂した。

翌年、自民党の幹事長番をしていた時、竹下派分裂に選挙制度改革をめぐる対立が加わって自民党が分裂した。衆院解散・総選挙の結果、非自民の細川連立政権ができ、自民党は野党に転落して、戦後日本の政党政治を形づくってきた「55年体制」が終わった。

その後、私自身は、大阪社会部で横山ノック大阪府政を担当したり、米同時多発テロ直後からイラク戦争をはさんで米国ワシントンD.C.に特派員として駐在したりしたが、基本的には政治部の記者だ。

そして2017年に全国紙で初めての女性の政治部長になった。全国紙とは、朝日、毎日、読売、日経、産経の5つの新聞を指す。「令和」に元号が変わる前日、「平成」最後の日の2019年4月30日までの、2年1ヵ月間の政治部長の生活だった。

「女性初」「初の女性○○」という言い方は、私自身ずっと嫌ってきた表現で、そのことについては後で語りたいが、この場では便宜的に使うのをお許しいただきたい。

自分の政治記者生活は「平成」とほぼ重なる。日本政治が冷戦崩壊後に漂流し、混迷し、停滞した時代だ。

この本では、そんな時代を背景に、一人の女性の政治記者が経験し、感じてきた男性社会の「壁」についてつづろうと思う。

私もオッサン?

新聞記者というのは、会社に所属していても基本的には一匹狼だ。しかし、管理職になれば、当然、会社や組織の事情と無縁ではいられない。政治部長になって戸惑ったことはたくさんあるが、女性記者にどうやって気持ちよく働いてもらうかについても悩みが多かった。

例えば人事異動の季節になると、政治部でも女性記者を多く採るよう会社サイドから口を酸っぱくして言われる。地方支局や他部署からまず希望者を探すのだが、政治部の場合

「なんとしても政治記者になりたい」という人は毎年、必ずいるものの、数自体は多くはない。仕事がきついということもあるが、やはり特殊な世界で、仕事のイメージが湧きにくいからだろう。女性記者となれば、希望者はかなり限られてくる。

新聞社で人気の部署はその年によって異なるが、最近はデジタル部門や、くらし関係の部、外信部、運動部、学芸部、科学環境部などに人気が集まっているように見える。

女性が働くにあたって、結婚は今の時代さすがに障害にはならないと思うが、出産や育児というライフイベントを仕事と両立しながら乗り切っていくのは、簡単なことではない。「ワンオペ育児」と言われるように、育児も家事も、さらに働く女性は仕事も、すべて女性が一人でこなさなければならないという環境は、いっこうに変わる気配がない。子どもが大きくなるまでは、短時間勤務が必要になる女性記者は多い。

自分が人事をする側に立った時、どうやって女性記者を政治部に口説くか、そのうえで果たして何人まで増やせるだろうか、と考えた。政治部で育児休業を何人もの記者が取ったり、制限勤務の記者が多数出てきたりしたら、組織は果たして回るのだろうか、一体どうやったら回せるのか。もし政治部に入ってきた新人記者が、仕事に慣れる間もなく、いきなり出産・育児で長期間、休むと言った場合、それは当然の権利なのだが、部全体で気持ちよく応援してあげられるのか。その新人記者が不当に責められることにならないか。私自身も人事の見通しの甘さを批判されるのではないか――。

男性記者を採る時には、ほとんど考えないようなことをあれこれ悩み、軽い自己嫌悪を覚えた。本来、男性も育休を取るように推奨されているわけだから、女性記者を採るにあたって悩むというのは、おかしなことだ。これでは、自分も「オッサン」と変わらないのではないか。ミソジニー（女性嫌悪、女性蔑視）と大差ないかもしれないと思った。

管理職経験のある男性たちは、おそらく同じようなことを感じたことがあるのではないだろうか。そういう女性登用の「壁」を乗り越えるにはどうしたらいいかも、この本で考えていきたい。

日本社会の本音？

さらに視野を少し広げてみよう。

２０２１年２月、東京オリンピック・パラリンピック組織委員会の会長だった森喜朗元首相が、女性を蔑視する発言をし、会長辞任に追い込まれた。日本オリンピック委員会（ＪＯＣ）評議員会で、女性理事を40％以上に増やす話し合いが行われた場で発言したもので、次のような内容だった。

「女性がたくさん入っている理事会は時間がかかる」

「女性は誰か一人が手を挙げて言うと、自分も言わないといけないと思うのだろう」

「『女性の理事を増やす場合は、発言時間の規制を促しておかないと終わらないので困る』と（誰かが）言っておられた」

「組織委員会にも女性がおられるが、みんなわきまえておられる」

会議で意見を言うかどうかは、性別の問題ではない。女性の行動と勝手に結びつけて非難するのは、明らかな女性差別だ。それに、おそらく森氏は、会議の長さというよりも異論を嫌ったのだろう。異論を排除し、オッサン中心の「異議なし」で終わる会議を続けていきたい、そのためには異論を唱える人は排除したい、そんな考え方が透けて見える。多様性の重視が叫ばれているのに、それに逆行した発言だった。

経団連の中西宏明会長（当時）は、森発言について「日本社会にはそういう本音があるような気がする。それがぱっと出てしまったかもしれない」と語った。

日本社会の本音？　その日本社会に、女性は入っていないのだろうか。「日本社会の本音」ではなく、「オッサンの本音」が出たのではないか。森発言後のさまざまな反応は、発言を問題視しているようでいて、問題の本質をどれだけ理解しているのか、疑問を抱かせるものが多かった。

女性政策の「眉唾」

そもそも女性を各分野に増やすことがなぜ必要なのだろうか。

第2次安倍政権以降、「女性が輝く社会」「女性活躍推進」という掛け声で、女性政策が叫ばれるようになった。2014年秋に安倍晋三首相が、国会の所信表明演説で「女性が輝く社会」を掲げて間もないころ、ある厚生労働省幹部を招いたオフレコの勉強会で幹部が開口一番言った。「安倍さんが女性政策なんて、皆さん眉唾だと思っているでしょう。私自身もそうなのですが、まあ見てみましょう」。

果たして安倍政権は「眉唾とは言わせない」とばかりに女性政策にそれなりに取り組むことになるのだが、「眉唾」には二重の意味があるのだと私は思う。政策を推進するかどうかという点と、もう一つ重要なのは「何のために」という動機だ。

昨今の女性活躍推進は、国や企業の論理が優先されているように見える。「グローバル社会を生き抜くためには多様な視点が必要だ。労働力人口不足を補うには、外国人労働者よりもまず女性に働いてもらおう」という論理だ。

安倍政権は、経済産業省出身の官邸官僚が力を持った「経産省政権」と言われたが、ある時、経済産業省幹部を招いたオフレコ勉強会で幹部がわかりやすくこんな解説をしてくれた。「少子化による労働力人口不足をどう補うか。安倍政権は、外国人労働者の受け入れを拡大するような政策はとりたくない。そうなると女性と年寄りに働いてもらうしかないわけです。安倍政権の女性政策とはそういうことです」。

内閣府の2021年版「男女共同参画白書」の巻頭言で、当時の丸川珠代男女共同参画担当相は、世界経済フォーラム（WEF）のジェンダーギャップ指数で日本が156ヵ国中120位だったことに最初に触れて、こう述べている。「（我が国では）国際社会では当然の規範であるジェンダー平等の理念が必ずしも共有されていません。これらは、グローバル化が進む中、世界的な人材獲得や投資を巡る競争を通じて、日本経済の成長力にも関わる問題です」。まず何よりも日本経済の成長力への悪影響を論じている。

この理屈自体には異論はないが、経済成長のための女性活躍という視点が最優先で語られることには、私は賛同できない。

「それじゃあ、グローバル社会に対応する必要がなければ、女性は登用する必要がないの？」

「SDGs（持続可能な開発目標）にジェンダー平等の実現が入っていなければ、そんなに一生懸命やらなくていいの？」

と聞きたくなる。

人口の半分は女性だ。男性と同等の権利が与えられるのが自然ではないのか。ポストも平等に与えられるべきではないのか。国の成長に関わろうが関わるまいが、人権尊重や男女平等は社会政策として実現すべき課題ではないのだろうか。

こう書くと残念ながらすぐにレッテルを貼る人たちが現れかねないので、あらかじめ断っておくが、私はフェミニズムに詳しくもなければ、政治的にいわゆる左派でもない。一人の新聞記者として、働く女性として、素直に考えれば、こうなる。

「オッサン」とは何か

『オッサンの壁』という本のタイトルには違和感を覚える人も多いだろう。私自身、このタイトルを見ただけで、怒り出しそうな同僚や先輩記者たちの顔を何人も思い浮かべることができる。メディアはいまだに大変な男性社会だ。

しかし、オッサンを揶揄したり、暴露したりするのがこの本の目的ではない。多くの人に気軽に読んでもらいたいという意図を理解していただけたらと思う。個人攻撃や会社の秘密に関わるようなことは避けたつもりだ。

男性優位社会が変わらないのはなぜなのか。育児休業法など必要な法律が次第に整備され、企業が制度を導入するようになっても、社会の意識の変革が伴わなければ、持続性は乏しい。女性は「こんなに仕組みが整ってきているのに、生きづらさを感じてしまうのは、もしかしたら私のせい？」と自分を責めることになりかねない。

実際に私の同僚の女性記者がほんの3年前にそれに通じるような経験をした。会社のOBに頼まれて、女性政策について勉強会で1時間ほど話した。OBの男性たちは勉強会の最中、熱心にうなずいていた。そして質疑応答になった途端、こう言ったという。「こんなに女性の進出が進んでもう十分だろう。これ以上、何を望むの？」。

幸い私の同僚は自分を責めることはなく、「あのおじさんたち、何もわかっていない。1時間も話したのに、何だったの」と憤慨して帰ってきた。

私が思うに「オッサン」とは、男性優位に設計された社会で、その居心地の良さに安住し、その陰で、生きづらさや不自由や矛盾や悔しさを感じている少数派の人たちの気持ちや環境に思いが至らない人たちのことだ。いや、わかっていて、あえて気づかないふり、見て見ぬふりをしているのかもしれない。男性が下駄をはかせてもらえる今の社会を変えたくない、既得権を手放したくないからではないだろうか。

男性優位がデフォルト（あらかじめ設定された標準の状態）の社会で、そうした社会に対する現状維持を意識的にも無意識のうちにも望むあまりに、想像力欠乏症に陥っている。そんな状態や人たちを私は「オッサン」と呼びたい。だから当然、男性でもオッサンでない人たちは大勢いるし、女性の中にもオッサンになっている人たちはいる。

女性が抱える問題について、学者・研究者の著書は多くても、働く女性の視点から書かれたものは、比較的少ないように思う。この分野には、多くの問題があるものの、それを公表した途端、会社、ひいては社会からはじき出されかねない——そんな懸念があるからではないか。私も10年前ならこの本を書くのを躊躇したかもしれない。そろそろ定年が見えてきた今だから「あとは残りの人生、何とかなるだろう」と踏み切れた面もある。

10代〜20代前半のZ世代の女性の声にも背中を押された。

「就職活動で企業回りをしていて、30〜40代までしか働く女性のロールモデルが出てこない。女性差別なんか全く解消されていないのに、さも解消されたように振る舞っている世の中はちょっとおかしいと思う」

そんな声が聞こえてくる。次の世代の女性たちのために、少しでも役に立てればと思う。

オッサンの壁とは具体的にどういうものなのか、どうしたらそれを乗り越えられるのか。突き崩せるのか。オッサンもそうじゃない人も、これをきっかけに考え、行動につなげていただければ、こんなにうれしいことはない。

目　次

第二章　ハラスメントの現場

第三章 「女性初」が嫌だった

第四章　女性議員の壁

第五章　壁を壊すには

第一章　立ちはだかるオッサン

面接での「お茶くみ」質問

1987年に私は新聞記者になった。バブル経済が始まり、女子差別撤廃条約の批准と男女雇用機会均等法の制定から2年がたち、セクシャル・ハラスメント（セクハラ）という言葉はまだ一般的には使われていなかった時代だ。

この章では、若手・中堅時代の政治記者としての話を中心にオッサン社会について語っていくが、その前に駆け足で就職活動や地方支局時代のことを振り返ってみたい。

「あなた、職場でお茶をいれてくださいと言われたら、どうしますか？」

就職活動（就活）の面接で今どき女子学生にこんな質問をしたら、面接官も会社も一発でアウトだろう。SNS（会員制交流サイト）であっという間に拡散され、女性社員にお茶くみを強要しかねない会社という烙印を押される。

しかし、ほんの一昔前までそんな質問が当たり前の時代があった。今から約35年前、私自身が、あるテレビ局の採用面接で質問されたのだから間違いない。

　募集・採用・昇進などで男女差別を禁止する男女雇用機会均等法が施行された翌年、私は毎日新聞社に入社した。いわゆる均等法第1世代にあたる。

若いころはよく、均等法世代の就活の苦労話を聞かせてください、という質問を受けたが、実は私はまともな就職活動をほとんどしていない。冒頭の場面は、少ない経験の一コマだ。

もともと出版社志望で、数社を受けたが、見事に落ちた。ついでと言っては失礼だが、練習を兼ねて、新聞社やテレビ局もいくつか受けたが、受かるはずがない。活動をするうち、どうやら自分に向いているのは新聞社かもしれないと思い直した。

1年間、就職浪人して新聞社を目指そうとマスコミ塾にも通い出した。本格的に勉強をし始めた矢先、毎日新聞社が7月入社の中途採用試験をするのを知り、腕試しのつもりで試験を受けに行き、入社した。

「新聞記者一筋でした」と言えたらさぞかし格好よかったと思うが、そうではない。取材して書く仕事に携わりたいとは思っていたが、新聞記者は権力の監視機関としての役割を担いながら、権力に極めて近い場所にいることに、建前と本音の使い分けのようなものを感じて警戒していたというのが、正直なところだ。その戒めは今も胸の内にある。

さて冒頭のテレビ局の「お茶くみ」質問に、私はこう答えた。

「お茶はいれます。いれますが、女性だけに頼むのはおかしいということを、少しずつ男性社員にもわかってもらえるようにしていきたいと思います」

この場面だけは、よく覚えている。3人ほどいた男性面接官がいっせいに顔色を変えたのが、わかったからだ。

「女性の人権を振りかざすような、こんな奴に会社に入ってこられたら、たまらない」という心の声が聞こえてくる気がした。それまで面接は順調に進んでいた。好印象を持たれている感触も伝わってきた。しかし、このやり取りで、面接は事実上、終わった。

当時は面接の勉強もせず、というよりも就職活動の勉強をすること自体に疑問を感じ、避けていた。「自分の思う通りに面接で発言し、それで合格しないなら、その会社には向かないのだから入らないほうがいい」くらいに考えていた。なぜ、あれほど根拠のない自信をもとに無謀な賭けのような就活をしたのか、自分のことながら今となっては謎だ。

ちなみに毎日新聞社の面接では、話の流れで「私は浪花節なので」と義理人情にあついタイプだとアピールしたところ、面接官の一人から「君、〇〇〇〇という浪曲師を知っているかね？」と聞かれた。知らないと白状すると、面接官たちはみな愉快そうに笑った。お茶くみの質問がなかったのは言うまでもない。「この会社では自由に気持ちよく働けそうだ」と思った。

男女雇用機会均等法以降、新聞社は女性記者の採用を増やし始めた。ここで少しだけデータを見ておこう。１９８７年４月に毎日新聞社に入社したのは、一般記者が45人で、このうち女性は8人。私が入った7月は、一般記者は8人で、うち女性は2人だった。それまでは女性記者は年間3人程度だったから、一気に増えたことになる。

増えはしたが、それでも成績順に採用すれば女性記者ばかりになってしまうから、女性記者の採用数に一定の枠がはめられていたというのは、長い間、業界の公然の秘密だった。

しかし、そういう時代も終わりつつある。毎日新聞の場合、2017年4月に記者職で初めて女性の採用が男性を上回った。ちょうどこの時期、編集部門で私を含めて5人の女性部長が一度に就任したのだった。

夜討ち朝駆け

朝日、毎日、読売のような大手新聞社の新人記者は、原則として数週間の研修を受けた後、地方支局に配属され、取材の基本を叩き込まれる。私の初任地は、長野支局だった。

赴任した1987年は、長野新幹線の開業（1997年）も長野冬季オリンピック（1998年）もまだ遠い先の話だ。全国の都道府県で4番目に広い県土を、10人に満たない長野支局員と、松本支局員3人、そのほか4ヵ所ほどの通信部でカバーする。

女性記者は毎日新聞長野支局では私が第1号。他社を見渡しても、地元紙の信濃毎日新聞は別として、朝日も読売もやっと2代目の女性記者がやって来たばかりだった。まだ地方支局に女性記者が珍しかった時代の話から始めよう。

長野支局の3年間、県内では大きな事件・事故はほとんどなかった。さかのぼって1985年8月には、日航ジャンボ機が群馬、長野県境の御巣鷹の尾根に墜落し、乗客乗員520人が亡くなり、長野支局からも記者が応援取材に出た。この前月の同年7月には、長野市の地附山《じづきやま》で地滑り災害があり、老人ホーム入居者26人が亡くなった。それら大事故や災害から2年が過ぎていた。

それでも小さな事件・事故や火災は日々起きる。1年目は、ひたすらそれを追うのが仕事だ。主な取材対象は、警察、検察、消防や、その時々の事件・事故の関係者。県警は先輩記者が担当することが多く、新人は「署回り」と言って警察署を回ったり、消防署を訪ねたりしてネタを拾う。

意外に思われるかもしれないが、女性記者だからといって、特別に配慮されたり、男性記者と違った仕事を割り振られたりしたことはない。何日間も出張取材する大事件や大事故がなかったためでもあろう。

新聞記者の仕事は「夜討ち朝駆け」を避けては通れない。日中は、取材対象が忙しくて時間がないことも多い。職場で記者に重要な情報を語るのがはばかられるような場合もある。そういう時に、記者が取材対象の自宅を出勤前や帰宅後に訪ねて、取材する。特に警察、検察、地方自治体、首相官邸、中央省庁の幹部といった当局取材には効果がある。

私が最初にした朝駆け取材は、長野中央警察署に毎朝7時ごろに行って、夜中に何があったかを宿直の警察官から聞き出すことだ。場所が警察署なので、本来の朝駆け取材とは違うが、とにかくこれを最初の1年間、平日はほぼ毎朝続けた。

宿直は毎朝、午前8時過ぎに交代するのだが、交代前に相手をつかまえないと生き生きとした面白い話は出てこない。宿直から引き継ぎを受けた警察官に取材しても、二次情報になってしまい、情報の細部は削られ、鮮度は格段に落ちる。夜の宿直回りも含めて、ここで聞いた話を端緒に取材をして、記事にした。

支局の新人記者の激務

さらに支局の新人記者は、ひとたび事件・事故や火災が起きれば、最初に現場に出動する。

詳しい住所がわからないうちに車を運転して飛び出す。現場に規制線が敷かれる前に到着するためだ。カーナビはない時代なので、車に搭載した無線で支局とやり取りしながら、だんだんと詳しい住所を聞き出し、右手にハンドル、左手に地図と無線機を握って、車を走らせる。現場に着いたらすぐに写真を撮り、周囲の人に話を聞く。携帯電話はまだなく、連絡手段はポケベルだった。常に寝不足の状態で、居眠り運転を何度もしたが、よく事故を起こさずにすんだと思う。

取材を終えて帰ってきたら、支局内にある暗室で、撮ってきた写真の現像作業をし、原稿を書く。一人で何役もこなさなければならず、とにかく忙しかった。

大きな事件になれば、県警担当の先輩記者の指示のもと、警察官舎や警察官の自宅に夜討ちをかける。警察官舎の前で夜中に帰宅を待っていて、まだ挨拶も済ませていない警察官だったため通報され、翌日県警本部に呼び出されて大騒ぎになったこともある。

早朝から深夜まで約3時間おきに、県内の各警察署に警戒電話、いわゆる警電を入れて、事件・事故が起きていないか、変わったことはないかを聞くのも、新人の重要な仕事だった。

午前中は長野中央署に張り付いたが、午後は遠出をして他の警察署も回る。各警察署の広報や報道の対応窓口は副署長だが、当時は副署長だけでなく、刑事課も含めていろんな部署に比較的、自由に出入りができた。

特に県警の科学捜査研究所には足繁く通った。職員と仲良くなり、ポリグラフ（嘘発見器）に実際にかけてもらうなど、科学捜査について丁寧に教えてもらった。まだ『科捜研の女』という人気テレビドラマシリーズが始まる10年以上前のことだ。体力勝負でつらいことの多かった警察取材で、知的な刺激を与えてくれた「科捜研の男」には感謝しかない。

電話で露呈する偏見

取材先で女性記者であることを理由に応じてもらえなかったり、嫌な思いをしたりした記憶はほとんどないが、電話取材ではそれが頻繁に起きた。

支局で「毎日新聞です」と電話に出ると、「誰かいないの？」「誰かに代わってくれる？」と言われる。支局長やデスクに代わってくれではなく「誰か」である。「誰かって誰？」といつも心の中でつぶやいていた。

自分が一人前扱いされていないことを突きつけられるようで、とても不愉快なものだ。けれども、怒って電話を切るわけにもいかない。「私は記者ですが」と言うと、受話器の向こうで相手は戸惑い、しぶしぶ会話を始めるという感じだった。このケースは実に多かった。

こちらから取材電話をかけた場合は、女性記者の取材に相手が慣れていないためか、口調が生意気に聞こえるようで、つまらない行き違いで口論になることがたびたびあった。実際に自分も相当、生意気だったかもしれないが、それでも女性ということが影響していたように思う。

会社にかかってきた電話に出て「誰かいないの?」と言われた経験のある女性は、私たちの世代では、新聞記者に限らずけっこう多いのではないか。片や男性はそんな経験はほとんどないだろう。一事が万事で、こういう経験を何十年も我慢して重ねてきた女性と、一切そういう苦労をしないですんだ男性の間には、その後の人生への自信の持ち方や、社会に対する認識に大きな違いが生まれるのではないかと思う。

対面取材では女性差別をほとんど感じなかったのに、電話取材で頻繁に感じたのはなぜだろうか。対面取材では相手が性別に関係なく人物を見ているからであり、電話では性別への偏見から入るからではないだろうか。

支局記者として2年目になると警察担当を外れて市政担当になり、高校野球や社会人野球の取材を任され、3年目は県政を担当した。だいたいこれが通常の担当パターンだ。市政や県政の担当としては、ゴルフ場の農薬汚染問題や長野冬季オリンピックの招致活動を取材した。

後に2000年代初頭になってワシントン特派員を務めた時、後輩記者から「どうしたら特派員になれますか」「海外取材はどうすればできるようになりますか」といった質問をよく受けた。

私が決まって答えるのは「取材の基本は、地方支局での取材も、海外特派員の取材も同じ。現場に足を運び、一対一で人と会い、とことん話を掘り下げて聞く。次に、それが正しいのか、違う視点はないのか、どういう意味を持つのか、いろんな角度から光をあてて追加取材や周辺取材をし、資料にあたって勉強し、最後に原稿にして世の中に問いかける」ということだ。

何日もかけてこうした作業をして連載企画などの長大な原稿を書くこともあれば、事件・事故の取材などは数時間で一連の作業を行い、原稿にしていく。

昨今はマスコミに対して「事実をねじ曲げて書く」「ろくに取材もしないで書く」といった批判が強い。マスコミの側にさまざまな問題があることは認めるが、多くの記者は地道な作業を重ねて、日々記事を書いている。

男女の仕事ぶり

果たしてこうした新聞記者の地方機関での仕事に女性が向くのかどうかと聞かれれば、男女とも、およそこんな大変な仕事には向かない人のほうが多いのではないかと思う。男性でも体力的にきつい仕事で、女性の場合は体力差があって、なおさら厳しいものがある。私は比較的、体力があるほうなので耐えられたが、それでも盆と正月の休みに実家に帰ると、途端に嘔吐して数日間、寝込んでいた。

ただし最近の地方支局は、小さな事件・事故でいちいち現場に行かせることはないし、デジタルカメラができてから写真現像は不要になり、カーナビも携帯電話もあって、負担は大幅に軽減されている。新聞記者を志望する人は安心してほしい。

私は、体力的な問題を除けば、女性が新聞記者に向かないということは決してないと思っている。

その後、毎日新聞を辞めてしまった人だが、長野支局には同期の男性記者もいた。その記者は行政取材は得意だったが、警察取材はそうでもなかった。よく先輩記者から比較されて、言われた。「A（同期の男性記者）は肝心な話を聞いてこない。お前（私）は肝心な話しか聞いてこない。どっちもダメだ」。その指摘は少なからず当たっていた。彼には余裕があり、私には余裕がなかった。

取材で肝心な話を聞けないのはもちろん失格だが、雑談や無駄話をしないのも大いに問題がある。これは記者だけでなく、他の仕事にも当てはまることだろう。

男女の仕事ぶりを見ていて、新聞記者に女性のほうが向いているかもしれないと思うのは感受性が豊かで、人の立場に立ってものを考えられる人が多いように感じる点だ。男性の良さは、体力的な利点もあるが、同期の男性記者と私との違いに表れたように、働き方に余裕があるため、無駄なことをたくさん経験できる点ではないかと思う。一見、無駄なことを経験することは、記者にとって幅を広げ蓄積をつくるうえで、重要なことだ。

女性が自信を持って、余裕のある働き方ができるようになれば、こんなに強いものはない。女性が物理的にも精神的にも、余裕を持って働けるような環境整備が必要だ。

不安だらけの政治部へ

当時、地方支局勤務の期間は、男性記者の場合は4年が一般的だったが、女性記者は1～3年と短かった。泊まり勤務が女性記者に認められておらず、男性記者だけで回していたため、女性がいる分、男性の泊まりのローテーションがきつくなるという問題があった。同期の男性記者は当時、月8回も支局で泊まり勤務をしていた。

私が入社して3年目から女性記者にも支局での泊まり勤務が導入され、男女の差はなくなっていった。男性に加えて女性も、より長時間労働をさせる方向へ、男女雇用機会均等法のもとで「男女平等」へ変わっていった。

女性記者にも泊まり勤務をさせることについては、社内で大変な議論があった様子が労働組合を通じて伝わってきた。男も女もみんなで深夜労働、長時間労働をしようというのが正しい方向だったのかどうかは、いまだに大いに疑問がある。男女雇用機会均等法の導入時の議論もそうだった。しかし、とにかく女性も男性と同じように一度働いて見せなければ、前進はないのではないかと当時の私は考えていた。

近年は、泊まり勤務そのものをなくし、夜間は支局から記者の自宅への転送電話に切り替えるようになり、支局の労働環境は大きく改善されている。

支局勤務の期間が終わると、いよいよ本社の部署に異動になる。私の希望は社会部だったが、希望は通らなかった。支局のデスクが説明してくれたところでは「社会部にはもう女性記者が5人もいる。これ以上、女性記者はいらない」と社会部が言っているとのことだった。本当にそう考えたのか、断るための口実だったのかはわからない。

意気消沈していると、思わぬところから救いの手が差し伸べられた。全く想像していなかった政治部だった。

「政治部が女性記者を採りたいと言っている」。断る理由はなかった。

こうして見ると、自分の記者人生の節目には、「女性記者」という要素が最初からついて回っていたようだ。自分にとっては決して好ましいことではなかったが、そういう時代だったと思うしかない。

「政治家と日々付き合うなんて、なんだか胡散臭そうだし、本当にやっていけるのか？」。不安だらけの政治部での記者生活がスタートした。

女性政治記者が急増した年

最近ではかなり知られるようになってきたが、政治部記者の1年目は、首相官邸で「総理番」「首相番」といって、首相に張り付く仕事から始まる。

首相がその日どんな行動をして、誰に会ったのかをチェックする。その結果は、新聞の「首相日々」や「首相動静」という欄で記事化されており、読んだことがある人は多いと思う。各国の情報機関の愛読欄とも言われている。首相の動静をこれだけオープンにしている国は少なく、その国の権力者の動向を探るのに貴重な情報となるのだろう。

私が政治部に配属されたのは1990年4月で、海部内閣ができて約8ヵ月たったころだった。海部俊樹首相の総理番をしながら、首相秘書官、内閣官房副長官、内閣法制局、法務省を担当した。

この年、女性記者が首相官邸に一挙に増えた。私と同じように新聞社の地方支局勤務を終えて本社の政治部配属になった記者たちのほか、テレビ局の女性記者たちもいた。

首相官邸の記者クラブ「内閣記者会」には、新聞社、通信社、テレビ局が約20社常駐しており、大手新聞社ならば記者をそれぞれ10人前後、地方紙や民放は数人ずつ配置している。総勢約100人の記者の中で、女性記者は11人。1割程度だったと思う。それまでも朝日、毎日、読売の政治部にそれぞれ女性記者が1~2人いたことはあったが、多くはすでに転職したり、他の部署へ異動したりしていたので、永田町、霞が関に女性記者が目に見えて増えた感じは、誰の目にもはっきりと映った。

この時代、新聞社では、女性記者は、政治部、経済部、外信部といったいわゆる「硬派」ニュース部門や社会部に配属されることは少なく、生活家庭部や学芸部（文化部）などに多かった。

生活家庭部のような部署では今でも女性記者が多い。もちろん進んで行きたいという記者は男女ともにいる。しかし、傾向として女性記者が多いのは、「夫は外で働き、妻は家庭を守るべき」という性別役割分担意識が、世間でもメディアでもまだ根強く残っていることが影響していると思う。「家庭生活を支えているのは女性だから、暮らし向きのことは女性が取材するほうが向いている」という一方的な決めつけがあるからではないだろうか。

生活家庭部のような部署は、日々のニュースや「切った張った」の仕事に追い立てられることが少なく、長時間労働になる心配が比較的少ないと考えられてきた面もある。もっとも、最近の新型コロナウイルスの報道に象徴されるように、生活と政治は直結していて、生活家庭部のような部署が日々の報道の最前線を担うようになっており、こうした前提も崩れている。それでもなお、配置の偏りは新聞各社を通じ、依然として残ったままのように見える。

首相官邸を担当する女性記者が一挙に11人に増えた時期というのは、1986年に男女雇用機会均等法が施行され、あわせて労働基準法の女子保護規定が緩和されて、女性記者が深夜まで働けるようになってから4年がたったころだった。

女性記者の急増はそのためだろう。それは女性にも長時間労働を強いることを意味する。本来は育児休業など女性が働くための環境整備がもっと必要だったが、残念ながらこの時点では実現していない。だから配属されたのは、ほとんど独身の若い女性ばかり。子どものいる女性記者が政治部に配属されるようになるのは、ずっと後のことで、その壁はいまだに厚い。

日本ならではの記者クラブ制度

首相官邸の担当になると、キャップ以下10人前後で取材にあたる。総理番が取材した首相の言動を端緒に周辺取材をし、首相がどんな政策決定や政治的な決断をしたのか、あるいはこれから何をしようとしているのかを探り出す。総理番は重要なアンテナの役目を果たす。

最高権力者である首相への取材を、総理番と呼ばれる政治部1年生が担うという逆転した仕組みは、日本のマスコミならではのやり方だろう。総理番は、政治が現実にどういう仕組みや人間関係で動いているのかを、新人記者が学ぶのに最適の仕事と考えられているためと、まだ新人で深い取材はできないため各社一斉の取材の場を任せ、より深い取材は先輩記者が行うという役割分担のためでもある。

大手新聞社の政治部は、記者が最も多い読売新聞でも約60人で、社会部や経済部と違って、東京本社だけに置かれている。部長と、5~8人のデスクは本社勤務だが、それ以外の部員は、首相官邸、自民党、野党、外務省や防衛省など省庁の担当ごとに、記者クラブを拠点に取材をする。出勤するのも記者クラブ、退社も記者クラブからが基本で、会社に行くことはまれだ。

こうした生活では、会社の同僚や先輩記者よりも、同じ取材先の担当になる他社が頼りになる。同業他社はライバルだが、仕事が忙しくなると家族よりも長い時間を過ごすだけに、いろんな悩みを相談するうち、生涯の友になることも珍しくない。

マスコミの記者クラブ制度は、こうしたなれ合いで運営され、当局の広報機関になりがちだとの批判を受けてきた。私もこうした中で育ってきた記者の一人だ。

海部内閣は、竹下内閣がリクルート事件で想定外に短命内閣に終わり、宇野内閣を経て誕生した内閣で、竹下派の傀儡《かいらい》色が強かった。自民党の幹事長は小沢一郎氏だった。首相官邸の担当は、普通に取材していれば、目に見えて女性記者が差別されることはほとんど起きない。相手は、政府高官だ。しかも当時は、女性記者が11人いた。しかし、重要な場面では、女性差別が思わぬ形で飛び出す。

総理秘書官からの抗議

海部俊樹首相が、1991年1月に東南アジア諸国連合（ASEAN）5ヵ国の歴訪を検討した時のことだ。総理同行は、政治部記者の晴れの仕事だった。各社から選りすぐりの記者が1人ずつ付いて、首相と同じ飛行機に乗り、べったりと同行取材する。その取材に、女性記者が5人ほど行くことになった。

政務担当の首席総理秘書官は、金石清禅《かないしせいぜん》氏で、もともと日本航空の燃料部長などを務めていたが、大学の先輩の海部氏から頼まれて秘書官に就いた人だった。その金石氏が、女性記者を同行させようとしたメディアの政治部長に「首相の重要な外国訪問に女性記者を同行させるとは何ごとだ。海部をバカにしているのか」と裏で抗議してきたのだ。

毎日新聞もその一つ。当時の毎日新聞政治部には私のほかに、もう一人女性の先輩記者がいて、彼女が同行する予定で、当時の上西《かみにし》朗夫政治部長が抗議を受けた。「金石の奴がさ、こんなこと言ってきたんだ。なにをバカなことを言っているんだ」と部長はべらんめえ調で憤慨し、首相側の抗議に取り合わなかった。

その後、湾岸戦争のため首相のASEAN歴訪は直前になって中止されたが、4～5月の大型連休で実現し、毎日新聞などは予定通り記者を同行させた。毎日新聞から同行したのは、後に週刊誌『サンデー毎日』で女性として初めて編集長になった山田道子さんだった。

この時の政治部長の対応が、政権の言われるままに従うものだったら、私も山田さんも政権だけでなく、政治部という組織に大きな不信感を抱いていただろう。

ちなみにこの政治部長が、1990年春に政治部に引っ張ってきたのは、私たち2人の女性のほか、数人の男性記者だった。毎日新聞の政治部に女性記者は、それ以前に1人在籍していたことはあったが、短期間で外信部へ異動してしまっていた。本格的に女性記者を採って育てようとし、2人をいっぺんに異動させてきたのだった。後に聞いてみると、この年、毎日新聞の政治部に異動した記者で、政治部希望だった者は一人もいなかった。

部長の説明によれば「若いころから政治部に行って、政治家を取材したいなんて考えている奴は、ろくなもんじゃない」という理由だったそうだ。当時は自民党の派閥政治が幅をきかせていて、政治家と記者との距離が今とは比較にならないほど近く、その癒着ぶりが批判を浴びていたから、そう考えたのだろう。部長自身は、福田赳夫元首相に食い込み、外交・安全保障にも詳しく、政治記者の王道を堂々と歩んだような人だった。

毎朝の「ハコ乗り」競争

政治部の「夜討ち朝駆け」は過酷だ。大きなネタがあれば、どこの部署でも「夜討ち朝駆け」はするが、常に行うという部署はそんなに多くない。政治部は毎日「夜討ち朝駆け」をし、土日も他社から抜け出すために、密かに政治家を回るという生活が求められる。体力的にきつくて、ギリギリのところで持ちこたえていた。

第2次海部内閣には、坂本三十次《みそじ》官房長官のもと、2人の官房副長官がいた。政務は大島理森《ただもり》官房副長官で、後に2021年秋の衆院解散・総選挙を機に政界を引退するまで憲政史上最長の約6年半、衆院議長を務めることになった政治家だ。事務は、元自治事務次官で竹下内閣から村山内閣まで7つの内閣で副長官を務めることになった石原信雄官房副長官。私は大島氏の担当だった。

東京・高輪《たかなわ》に議員宿舎があり、朝駆けするのだが、午前6時過ぎには宿舎に到着して玄関ロビーで待っていないと、「ハコ乗り」ができない。毎朝、ハイヤーが板橋区にあった自宅に、午前5時過ぎに迎えに来た。

「ハコ乗り」は、政治家が出勤する際の車などに記者が一緒に乗り込み、車中で話を聞く取材方法だ。後部座席には、政治家本人のほか、ぎゅうぎゅう詰めに記者2人が座り、助手席に1人が座る。乗れる記者は3人までだ。大島氏は、口が堅く肝心な話はしないので、記者数が少なく取材効率を重視する民放テレビ局はこうした場には参戦しない。新聞社、通信社、NHKの8社ほどで、毎朝、ハコ乗り競争をしていた。

ハコ乗りに漏れた社の記者には、乗れた社の記者が、後でどんな話があったかを教え、情報を共有するということが最近はよく行われていて、こうした取材手法が政治記者のなれ合いの象徴として、批判されることがある。そうしないと、競争がエスカレートし、みんなで早起き、つまり長時間労働の競争をすることになるから、やむを得ず生み出されたのだろうが、もちろんほめられた取材手法ではない。

私の時代は、メモを共有するふりをして、肝心なことは教えなかったり、メモの共有自体をしなかったりした。おかげで1年間、深夜に夜回りを終えて帰宅し、3時間ぐらい睡眠を取ったら、早朝は朝駆けするという生活だった。この戦いでは女性記者は私一人だけ。他社には、当時NHKの政治部記者で、現在はジャーナリストでキャスターの大越健介さんらがいた。

1990年8月2日、イラクがクウェートに侵攻して湾岸危機が起こり、翌年1月には湾岸戦争に発展した。米軍が主導する多国籍軍にどう貢献するかが国際社会で問われた。日本政府は多国籍軍に約130億ドル（当時で約1兆7000億円）の資金支援をしたが、人的な貢献がなかったとして、日本側が期待したほどには感謝されなかった。それが「湾岸戦争のトラウマ」といわれ、その後、自衛隊の海外での活動拡大に道を開く転機になっていった。

もう一人の官房副長官の石原氏は、多国籍軍への貢献で日本に何ができ、何ができないかを日々発信していた。自宅の最寄り駅だった東急田園都市線のあざみ野駅から永田町駅まで、番記者たちが毎朝、出勤時に同行取材した。満員電車の車内では会話を控え、駅のプラットフォームや階段の上り下りの際に質問をぶつける。その日の夕刊を華々しく、石原氏の発信が「政府高官の発言」として飾ったことも多い。石原氏は「影の総理」と呼ばれ、多くの番記者がいて、女性記者も多かった。

ある時、その光景を見た人が会話していたそうだ。「あの集団は何？」「あれは有名な相場師のおじさんでね、記者たちが株の情報を聞き出しているんだよ」。

女を捨てて働けますか

１９８９年に栄養ドリンク「リゲイン」のＣＭソングの「24時間戦えますか」というフレーズが流行ったことがあったが、今では批判の対象にしかならないそういう働き方が、当時は当然のことと思っていた。女性もそこに参戦していかなければ、自分のやりたい仕事を続けさせてもらえなくなり、いつかは政治部を追い出されかねないと考えていた。誰に言われるでもなく、女を捨てて働くことを自らに課すようになっていた。私生活はほとんどなかった。

服装も長野支局に最初に赴任したころに着ていたワンピースやスカートを着ることはなくなっていた。支局時代は事件事故の取材に行く必要性からパンツ(当時はまだズボンと呼んでいた)だったが、政治部になってからもパンツ姿を貫いた。政治部は日常的に夜討ち朝駆けをする職場で、日中に記者クラブで仮眠を取ることが多い。

ある時、民放テレビ局の政治部の女性記者が、首相官邸クラブのソファにスカート姿で寝ていたら、男性記者たちがニヤニヤと面白そうに眺めていた。そんな光景を見て「あぁ、やっぱりスカートは、はけないな」と再認識したのをおぼえている。リクルートスーツは別として、パンツスーツは今でも婦人服売り場に少ないが、当時は今と比較にならないぐらい探すのに苦労した。男性にはそんな経験はないだろう。服装一つをとっても、スーツを着て外で働くのは男性というのが、社会のデフォルトになっている。

他社の政治部の女性記者で、とてもおしゃれな人がいて、いつもネイルの手入れを欠かさず、バッグは毎日取り替えるという人がいた。彼女は朝の身支度に2時間以上かけるため、朝回りに間に合わせようと、毎朝3時半ごろ起きていた。私の場合は、どうにも眠い時に削ったのは入浴のための時間で、政治部の1年目は最長で5日間ぐらい風呂に入らず、仕事をしていた時があった。周りはさぞ迷惑だっただろう。

当時、毎日新聞の政治部デスクで、後にTBSテレビの報道番組『NEWS23』のキャスターなどを務めた岸井成格《しげただ》さんも若いころ、風呂に入らなかったということで、政治部内で私に「女岸井」というあだ名が付けられた。決して岸井さんのように優秀な政治記者という意味ではなく、あくまでも風呂に入らないで仕事をする記者という意味だ。

憧れの先輩にちなんだあだ名で呼ばれるのは光栄なことではあったが、そこに込められた意味は「ようやく男並みに仕事をする女の政治記者が出てきた」ということだったのだろう。認められてうれしい反面、そういう認められ方に居心地の悪さを覚えた。しかし、男性社会にいかに同調して仕事をして認められるか、私には当時、そのやり方しか思いつかなかった。

純粋培養されるオッサン

新聞社や、私の取材先である政界、官界にはオッサンが多い。単に男性の数が圧倒的に多いというだけではない。家には家庭を守る妻がいて「夫は外で働き、妻は家庭を守るべき」という性別役割分担の意識がしみついている人が多かったし、今でもそういう意識の人は少なくない。それを支える経済力があるということが、要因として大きいように思う。特に、私が若手・中堅の政治記者だった1990年代は、政治家の妻はもちろんだが、先輩記者や官僚たちの妻には専業主婦が多く、男性たちはその妻に家庭をまかせて、ひたすら仕事に打ち込んでいた。

新聞社の中でも政治部が特殊な職場だと思うのは、永田町と霞が関が主な取材の現場だという点だ。その狭いエリアに、政治家、その秘書、官僚らが働き、膨大な情報を扱い、国の重要な政策決定をしている。衆参両院の国会議員約710人をはじめ、議員秘書、国会事務局職員、政党職員など永田町関係者だけでも約7000人が動いている計算だ。政治部の記者はそれを朝から晩まで取材する。もちろん企画取材や調査報道で、政治部の記者もいろんな取材現場に行くが、日常的な取材の場となると、やはり永田町と霞が関になる。だから、取材相手も比較的、経済的に恵まれた人たちが多くなる。男性優位がデフォルトになっているオッサン社会に疑問を感じる必要性が生じにくい。オッサンが純枠培養される土壌がある。政治部が典型的なオッサン社会と思うのはそのためだ。

オッサンは、外野の女性が文句を言っても、適当に話をあわせるだけで、本当の意味では耳を傾けようとしない。せっかく政治部に来たのだし、それならば、これぞオッサン社会という政治部でとことんやって、耳を傾けさせる存在になろうと思っていた。

女性みんながオッサンの壁を乗り越えるために、オッサンと同じような働き方をする必要はない。むしろ、そんなことはすべきではない。そんな考え方は今ではナンセンスだし、当時だっておかしい。人それぞれにあった柔軟な働き方が認められるべきだ。けれども、当時の私は、女性の誰かが一度同じようにやってみせなければ、この壁は本当には乗り越えられないいんじゃないかと思っていた。今から考えると、なんて気負っていたのかと、若いころの自分を不憫《ふびん》に思うが、当時はそう思い込むほど、オッサンの壁は厚かった。

女性を武器にする記者

女性記者がそれなりの数いるということは心強かった反面、閉口したこともあった。

2月14日のバレンタインデーに、女性の総理番記者で海部首相にチョコレートを贈ろうという話が持ち上がった。数年前まで、新聞の政治欄に女性の総理番記者から首相がチョコレートをもらったという記事が掲載されることがあったが、そのはしりだろう。私は、この相談を最初知らず、知り合いの女性記者が「チョコレートを贈る側のメンバーに名前を入れておいてあげたからね」と親切心から言ってくれた。私は怒りをぶつけてしまった。「なんで相談もなく、そんなことをするんですか。私の名前は外してください」。その女性記者には悪いことをしたと後から反省した。

けれどもなぜ女性記者一同で政治家、しかも時の首相にチョコレートを贈る必要があるのか。記者と政治家という関係からも、一記者でなく記者が集団で行うということからも、女性記者と自らレッテルを貼ることにも納得がいかず、今でもそういう記事を読むと、嫌な気分になる。

政治家や官僚にバレンタインデーにチョコレートを贈る女性記者は今も多い。私もその後、集団で渡したことはないが、世話になった政治家や官僚に贈った経験は数回ある。最近の女性記者を見ていると、そんなこだわりは全くなさそうで、3月14日のホワイトデーになると大量のお返しで、机の上をいっぱいにしている記者もいる。

「女性を売りにして取材する」という意識はなく、取材に利用できる機会は何でも利用しようという真面目で貪欲な気持ちの表れなのだろう。男性記者がゴルフやサウナの機会を利用して、取材対象との関係を深めるのと似ているかもしれない。それでも、記者はそこまでして取材対象との関係をつくるべきものなのか、もっと適度な距離を保つべきではないのか、今も疑問を持っている。

オッサン社会を生き延びるため、働く女性はどうふるまえばいいのか。女性記者たちには、いくつかのパターンがあると思う。私のようにひたすら男性社会に同調して自らがオッサン化して働く人。一方、女性であることを利用して政治家や官僚に食い込み、ネタを取る人たちもいた。取材される側もそのへんはよく見ていて、女性を武器に売り込むようなタイプには宴席などに顔を出すよう声をかける。男性記者ではアクセスできないような大物の政治家や官僚に、女性記者というだけで、簡単に宴席に呼ばれ、名前を覚えられ、適当なネタをもらうということが起きるようになった。

女性記者が、男性の先輩記者に誘われ、政治家や官僚の宴席に同席するよう求められることもある。4~5人の宴会の隅に座らされ、ただ「華を添える」役割を担わされるのだ。そういう場では、下ネタも多くなる。ある女性記者から聞いた話だが、宴席で政治家がその女性記者に向けて、おしぼりで女性の性器を形づくって見せ、反応を楽しむということがあった。お座敷遊びの延長だ。女性記者は笑いながら「何をやっているんですかあ~」と軽くいなし、周囲の男性たちは楽しそうにワッハッハと笑ったのだという。今なら政治家も男性記者たちもセクシャル・ハラスメントだと批判を浴びかねない。

梶山静六ににらまれる

1990年の夏ごろから、総理番と官房副長官番をやりながら、法務省の官房を数ヵ月間担当したことがある。法務省全体の担当は社会部だが、閣僚とその周辺だけは政治部が担当する大手新聞社が多かった。当初は記者会見に出て、時々取材するだけだったのだが、9月になって大臣の病気辞任により、後任に、ある政治家が就任し、俄然、忙しくなった。自民党最大派閥・竹下派の七奉行に数えられた梶山静六氏だった。

就任早々の記者会見で、私は梶山氏を厳しく追及し、すっかりにらまれることになった。

法相就任から1週間後、梶山氏は、警視庁が東京・新宿のホテル街で、売春目的の不法就労外国人女性の一斉摘発をしたのに同行し、翌日の記者会見で感想を述べる中で、人種差別発言をしてしまったのだ。

「昭和20年代に日本人がたくさん立っていたころを知っているが、今は外国人が立っている。話には聞いていたが、これが今の日本なのかなと思った。（中略）あそこの善良な今までの居住者から（不法就労外国人女性が）あそこに立っていられると何となく評判が悪くなっちゃってね。それから、そのへんの通りは娘さんも歩けんね。悪貨が良貨を駆逐するというか、アメリカにクロ（黒人）が入ってシロ（白人）が追い出されるというように、（新宿が）混住地、混住地（になっている）。占領されたというか（中略）あのへんにお嫁にいく人もね、地価が下がって、地価が下がればいいんだろうが……」

いろいろ問題があるが、特に「悪貨が良貨を駆逐するというか、アメリカにクロ（黒人）が入ってシロ（白人）が追い出される」というのは、明らかな黒人差別だ。

梶山氏本人には人種差別という意識はなく、法相就任早々に張り切って勇み足で失言してしまったという程度の認識だった。米国のマイノリティーに対し、政府・自民党の要人が人種差別発言をするのは、残念ながら珍しいことではなかった。

１９８６年には中曽根康弘首相が「米国には黒人やプエルトリコ人、メキシコ人がいて、日本より知的水準が低い」と語った。１９８８年には自民党の渡辺美智雄政調会長が「米国には黒人だとかがいっぱいいるから、あすから破産だといわれても、アッケラカンのカーだ」と述べた。

「また失言だ、やれやれ」。政府・自民党内も政治記者たちの受け止め方も、最初はそんな雰囲気だった。しかも梶山氏は、政界の実力者だ。記者会見には、米国内での批判が大きくなるにつれ、法務省担当以外の自民党竹下派担当の記者たちも姿を見せるようになっていた。それもあって政治記者の間には、穏便にすませたいという空気が醸成されていたと思う。

新人記者だった自分は、忖度《そんたく》なく質問を連発した。女性記者は私一人だ。他の男性記者たちは、梶山氏やその周辺ににらまれないよう、厳しい質問をするのを上手に避けながら対処していた。先輩記者には私の質問を「何とかしろ」という圧力もかかったようだ。記者会見でのやり取りを私がメモに起こしたものを使って、社会部の先輩記者が厳しく記事を書いたこともあり、自分の原稿でないものまで、批判は私に集中した。

と言っても、特別な質問をしたというわけではない。「どういう意図で発言したのか」「責任をどう感じているのか」「米国社会からの批判にどう答えるのか」「引責辞任する考えはあるのか」といった、当たり前の質問ばかりだったと記憶している。

人種差別を厳しく追及してやろうなどという構えた意識があったわけではなく、ただ目の前にあることを当然、質問しただけだったのに、私はすっかり浮いてしまい、梶山氏から目をつけられる存在になってしまった。これは新人の政治記者にとってはショッキングな出来事だった。新人も女性も、良くも悪くもその場の空気を読まない傾向が強い。私には、この二重に空気を読まない要素が備わっていた。

政治記者生命のピンチ

当時の新聞記事を読み返すと、ちょうどこのころ、南アフリカ黒人解放運動指導者、ネルソン・マンデラ・アフリカ民族会議副議長（当時72歳）が来日し、国会で演説した様子を伝えるものがあった。マンデラ氏は元首クラスではないため国会演説は難しいと言われていたが、梶山氏の人種差別発言が米国社会で問題となったことから、急遽、国会で演説することになった。

毎日新聞の１９９０年10月30日夕刊の社会面の記事は次のように伝えている。

閣僚の中ではいち早く議場入りした梶山法相はなにやらそわそわした様子だったが、演説が始まると、口をへの字に、耳を傾けた。終了後、記者団に取り囲まれ、「大変、感銘を受けた」とこれまた神妙な発言。しかし「問題の差別発言は日本国民の良識に任せるとマンデラ氏が言っているがどうお思いか」とたたみかけられると、突然、目をつり上げて記者に対し「お前はだれだ。名を名乗れ」と気色ばんでいた。

これは私が書いた記事ではないが、当時の雰囲気をよく伝えていると思う。梶山氏には、自身を批判するような質問を許さない迫力があったし、権力も持っていた。

大物の政治家や政府高官が、新聞社やテレビ局に圧力をかけて、気に入らない担当記者を替えさせようとすることはたびたびある。私は下手をすると、いろんなところから横やりが入って、政治記者は続けられなくなるかもしれないとも思った。

幸いそのような事態にはならなかったが、窮地の時は誰も助けてくれない。すでに亡くなった人だが、紙面を割いて深掘りした記事を書くよう指示した上司にも知らんふりをされた。こうしてオッサンたちは生き延びるのだろうか。何か問題があった時、うまくよけながらやり過ごす。男性社会の裏側、竹下派の威力を初めて肌で感じた経験だった。

政治記者が他部門の記者に比べて空気を読む傾向が強いのは、政治家と人間関係を築きながら、時には懐にまで入り込んで情報を得ることが期待されるから、という面が大きいと思う。人間関係は一過性のものではなく、相手が若手議員のころから付き合い始め10年から20年ぐらいかけて関係を築いていく。若いころから取材してきた政治家が、首相にまで上り詰めることもある。人間関係があるからこそ、表の記者会見の場などではできない話を聞き出すことができる。なぜ、あの時にそういう判断をしたのかといった過去の検証に関わることや、これからどういう政策判断、政治決断をしようとしているかなど、報道する価値の高い話であることが多い。

政治記者にとって政治家や政府高官との距離の取り方は、気を遣う難しい問題だ。

「政治記者は権力と癒着し、社会部記者は権力と戦う」といったステレオタイプな描かれ方があるが、それは短絡的過ぎる。政治記者の多くは、権力との距離感に悩みながら、日々取材をしている。だから空気を読むこともある。しかし、気をつけていないと、空気を読みすぎて忖度し、ついには政権の情報を無批判に垂れ流すだけの御用記者になりかねない。

政治記者生活が長ければ長いほどその危険度は増す。女性記者は政治記者として長く勤め上げた人そのものがまだ少ないが、これは男性の政治記者だけでなく、女性の政治記者でも起こりうることだ。いや、もうすでに起きているかもしれない。

梶山氏の人種差別発言を厳しく追及したことに後悔はないが、代償は大きかった。その後の自民党派閥取材で数年間にわたり苦労をすることになった。

経世会担当の女性記者第1号に

自民党の派閥政治が機能していた時代、政治記者の花形も派閥担当だった。

首相官邸の取材は政府高官を相手にすることが多いため、嫌な思いをすることは比較的少ない。だが、派閥担当は政治家のむき出しの権力闘争を取材し、記者同士もしのぎを削る分、トラブルは格段に多くなる。

私が初めて自民党の派閥を担当したのは、政治部に配属されて3年目の1992年春、宮澤喜一首相、加藤紘一官房長官、自民党幹事長は綿貫民輔氏という時代だった。どの派閥を担当するかは、その後の記者人生を左右しかねないぐらいの重要な意味があった。

当時、清和会（三塚派、現在の安倍派）の担当になったある男性記者は先輩から言われたそうだ。「経世会以外は取材してもしょうがないから、遊んでいていいよ」。それぐらい自民党副総裁の金丸信氏が派閥会長を務めていた最大派閥・経世会（竹下派、現在の茂木派）が政界を支配していた。

幸か不幸か、私は経世会の担当になった。それまで清和会や宏池会（宮澤派、現在の岸田派）を担当した女性記者はいたが、経世会担当では女性第1号だ。

経世会の洗礼は、梶山静六法相（1990年9月〜12月）の人種差別発言を取材する際に受けたつもりだったが、まさか経世会の正規の担当になるとは思わなかった。しかも梶山静六・自民党国会対策委員長の担当だ。人種差別発言の取材であれだけにらまれたら、普通は担当にはしないのだが、そういう配慮はなぜかなかった。

自民党の国対委員長は、政権の国会運営の責任者で、絶大な権限と影響力を持つ。毎朝毎晩、東京・九段の衆院議員宿舎に「夜討ち朝駆け」取材をして、ちょっとした言葉の端々から、何を考えているのか、どう国会や政局を動かそうとしているのかを探った。そういう仕事をしながら、派閥所属の国会議員たちも取材する。

東京・九段の議員宿舎で梶山氏や、中村喜四郎衆院議員（現在は立憲民主党に所属）を取材し、その後、東京・元麻布にある金丸信自民党副総裁（経世会会長）の私邸前に転戦し、朝から計3件の朝駆けをして、終わるとあっという間に昼になる。日中は、永田町の竹下事務所や金丸事務所のあるビルの前に張り付き、夜はまた梶山氏や、東京・高輪の衆院議員宿舎で野中広務氏を回ったりして、夜中まで取材する。

政治家を数人の記者で囲んでオフレコで話を聞く懇談取材を中心に、その合間に政治家と「一対一」のいわゆる「サシ取材」（単独取材）を狙う。

空恐ろしかったひと言

最大派閥・経世会の担当は、政治記者の中でも優秀な中堅・ベテランぞろいのいわゆる「エリート集団」で、私は女性というだけでなく、若く経験が浅いという意味でも、浮いた存在だった。それでも、会社を代表して取材している以上、ひるむわけにはいかない。そんなある日、議員宿舎の朝駆けで政治家との懇談を終えて、記者数人で雑談をしていると、他社の先輩記者の一人が「佐藤さんがしゃべるとさあ、女性で声が一人だけ高いから、懇談の場の空気が乱れるんだよね」と言った。

これには驚いた。同じ番記者仲間の男性記者たちがそんなことを考えていたとは想像だにしなかった。先輩記者は悪びれる様子もなく、あっけらかんと笑いながら言う。

「えっ私、しゃべっちゃいけないの？」。内心そう思いながら、笑ってその場に合わせた。反発を感じるというよりは、空恐ろしかった。その先輩記者がどうしようもない人物だったら、不愉快ではあっても恐怖感までは感じなかっただろう。けれども、その人は意地悪なタイプでも何でもなく、むしろ優秀で立派な記者だった。

あの時の空恐ろしさの正体はなんだったのか。男同士の絆が強い「ホモソーシャル」な世界で競い合う記者たちが、自分たちと異質な若い女性記者という存在を、当然のように、しかもほぼ無意識に排除しようとすることへの恐怖感ではなかったかと思う。当時はあえて深く考えようとしなかったが、いま改めて考えて言葉にすると、そういうことではないかと思う。

男性中心の社会で「女性はあまり発言をせずに、黙って聞いておけ」「女性は発言をするにしても、控え目にしておけ」といった暗黙の圧力は、その後もいろんな場で感じてきたが、あれだけ言葉にしてはっきりとして言われたことは少ない。

あのひと言が原因かどうかわからないが、その後、私は人前でしゃべるのがどんどん苦手になっていった。しゃべる時に自分の声のトーンが高過ぎないか、神経質に気にするようにもなった。その後、時代が変わり、国や企業が「女性活躍推進」の旗を振るようになると、今度は手のひらを返したように、女性だからという理由で積極的に発言を求められるようになっていく。「何と勝手な」という思いを抱きながら、人前で話すことに苦労していくことになる。

記者が完敗した金丸会見

経世会の取材を始めて4ヵ月余りたった1992年8月22日、派閥会長として絶大な権力をふるっていた金丸信・自民党副総裁が、東京佐川急便から5億円の闇献金を受け取っていた疑惑を朝日新聞が報じ、それからは怒濤の日々が始まった。

報道から間もなく、8月27日、金丸氏は自民党本部で、5億円の受領を認めて、副総裁を辞任する記者会見をした。私も記者会見に出席していた。後に「あの記者会見に出席していた記者の名前を全員公表すべきだ」との批判があがった会見である。後から振り返ると、この記者会見が、自民党下野つまり55年体制崩壊という戦後政治史に残る動きの大きなターニングポイントになった。

この数ヵ月前、金丸氏のワシントン訪問があり、私も同行取材したが、金丸氏はすでに認知症の影が出ていたように見えた。言い間違いも多く、旧知の政治家に「あなたどなたさま？」と言ったなどという噂が頻繁に流れ、それが逆にすごみになっていた。権力の終わりが見え始めているようでいて、まだ誰も逆らえない、そんな雰囲気があった。

さて記者会見である。あの時もあっという間に終わってあっけにとられたが、今、その時の記録を読み返しても、ひどいものだ。ちょっと長いが、味わい深いので引用する。

〈金丸氏〉

（冒頭挨拶＝省略）かねて新聞で、あるいは週刊誌などで、私は週刊誌を読んだことはないのでわからないが、人からの話を耳にして、私の、公器である新聞に出たということで、佐川急便の問題について、私の不徳の点多々あったと思います。そういう意味で、その責任を取るべきである。またその陣中見舞いもいただいた、こういうことでございますが、それは私が辞めることによって、副総裁を辞めることによって、他の政治家を私がどうしよう、ああしよう、というような考えを絶対聞かれても困る。私は国対委員長をやれば議運の委員長もやり、国会状況というものは手に取るようにわかっている私が、そういう決意をすることは当然だ。

金丸氏はこのように話した後、竹下派の事務総長だった佐藤守良氏にメモを読ませる形で、5億円受領を認め、その責任をとって副総裁を辞任することを明らかにした。

そして「何かご質問があれば」と記者に促した。記者の質問は、新聞記事として記録に残っているものは「副総裁だけでなく、経世会会長まで辞するとはどういう決断か」「この件で宮澤首相とは直接話はしたのか」のたった2問だけだった。

凄腕と見られていた政治記者たちが集まった記者会見でのことだった。金丸氏が新聞、週刊誌にしか言及していないことでもわかるように、この時代、政治報道でテレビの存在感はまだ小さい。

記者会見は、新聞記者側の完敗だった。金丸氏は要するに、あれこれ聞くな、とクギを刺し、国民ではなく国会対策のほうを気にかけていた。それに対して、記者側は5億円献金疑惑の中身を全く聞かず、どうでもいいような質問2問を発しただけだった。当時、会見に出席していた自分の観察では、あえてそうしたとしか言いようがない。厳しい追及をすれば、どんな報復が待っているかわからないからだ。

金丸氏の5億円闇献金事件をめぐる攻防については、政治ジャーナリストの田崎史郎さんの著書『竹下派死闘の七十日』が詳しい。首相官邸を使ってでも検察庁を動かし、事件を穏便に収めようとしたとされる経世会である。金丸氏や派閥の会長代行を務めていた小沢一郎氏の逆鱗に触れれば、記者生命が奪われるのはたやすいと、口に出さなくても考えていた記者が多かったように思う。

「本当の勝負は裏の取材で」

最近の首相官邸の記者会見は、肝心なことを聞かずに批判を浴びることが多く、私も歯がゆい思いで見ることがあるが、金丸事件のこの記者会見ほどひどいものも、そうはないだろう。

私は経世会を担当したばかりで口を出せる状況ではなかったが、それは言い訳であって、批判は受けざるを得ない。

金丸氏の記者会見に記者側は完敗したと書いたが、客観的、歴史的に見ればということであって、実は完敗という意識さえなかったのかもしれない。

金丸氏の記者会見に限らず、当時の大手新聞の政治記者たちは「記者会見であまり質問をするな。ろくに取材もしないで、何も知らないライバル他社の記者たちに、質問を通してみすみす情報や問題意識を教えてやる必要はない。本当の勝負は、記者会見という表の場ではなく、裏の懇談取材やサシ取材でやれ」と考えていたと思う。私も実際に先輩記者からそういう指導を受けた経験がある。

ネットはおろかテレビの存在感がまだ小さかったため、この時代の政治報道はリアルタイムでものを考える発想があまりなかった。いかに他社を出し抜いて、明日の朝刊1面を飾るかという競争で動いていた。記者会見が公の場という認識も乏しかったと思う。大手新聞社のおごりもあった。自分も含めて、記者たちはジャーナリストというよりは、あくまでも新聞社の「政治部記者」だった。

梶山静六法相の人種差別発言の取材ですっかりにらまれて懲りたことや、派閥記者としては新参者という遠慮もあって、私はひたすら派閥取材のカルチャーに合わせて、「一人前」になろうとしていた。

金丸氏の5億円闇献金問題で、竹下派は事件処理の仕方をめぐって対立し、それが派閥分裂に発展し、ついには小沢一郎氏らが自民党を離党するに至った。1992年8月からの1年弱は猛烈に忙しく、一日中、政治家を追いかけるため、会社が用意したハイヤーの中で過ごすような生活になり、腰を痛めた。

日中はハイヤーの中や、記者クラブのソファで細切れに仮眠を取るのだが、だんだん意識がもうろうとしてくる。そんな時、男性記者たちは、議員宿舎や派閥事務所で政治家を待ちながら猥談に興じる。「ああ、もう何日も女房とやっていないなあ」は定番のぼやきだった。笑って聞いているしかなかった。

因縁の梶山担当

経世会という派閥を担当するということは、派閥に所属する何人かの有力政治家を担当し、毎日その政治家への取材を通して政治の動きをチェックすることを意味する。最大派閥だけに、私と先輩記者とで派閥取材を分担し、担当する政治家も割り当てられた。

そこで私は、前述したように宮澤政権で自民党の国会対策委員長に就いていた梶山静六氏を担当することになった。私は梶山氏の国対委員長番に始まって、その後も幹事長番や、1996年の橋本内閣での官房長官番と、梶山氏が要職に就くたびに担当した。

政治記者1年目の時、法相時代の梶山氏の人種差別発言を厳しく追及し、すっかりにらまれていたため、当然、国対委員長番になってしばらくは警戒され、全く相手にされなかった。他の番記者が簡単に割り出せる今日明日の日程を聞き出すのも、一苦労という有り様だった。

梶山氏は東京・九段の議員宿舎で、都合がつく限りほぼ毎朝、朝駆けにやってくる番記者たちを午前7時半ごろから招き入れ、20~30分程度の懇談をした。懇談は「禅問答」のようだった。「今日は誰と会いますか」とか「○○をいつまでにやるのですか」などといった直接的な質問は御法度だった。直接本人が答えられないようなことを、小さなことから大きなことまで、あちこち取材して積み上げて割り出すのが記者であって、それをストレートに質問すれば心底バカにされると、皆、心得ていた。努力の跡が感じられない質問に対しては、梶山氏は冷淡に対処していた。

朝駆けを受ける政治家の中には、記者たちと朝食をともにする人もいるが、梶山氏の場合はそれはなかった。その代わりではないだろうが、時々、お土産にもらったのであろうお菓子をふるまってくれた。おいしいと思って、ひょいと表示を見ると「賞味期限切れ」ということが多く、記者たちで「また賞味期限切れだ」と目配せしながら、楽しく食べた。捨てるのがもったいないと思ってのことだろうと、わかっていたからだった。

禅問答のような懇談と言ったのは、話の中にヒントをしのばせている時もあれば、相手も人間だから言葉の端々からニュアンスがにじみ出るという意味でもある。例えば、質問に対して「知らない」「忘れた」「そうだったかな」「えっ？」など、どう答えるかで、関心度合いや進捗具合をはかることができる。そんなふうにして頭の中で、断片情報をパズルのように組み合わせて、政治の動きを組み立てた。

朝駆けが終わると、国会、議員会館、自民党本部、派閥事務所、ホテルなどが取材の現場になる。梶山氏が誰と会って、政治の裏工作をしているのか、割り出す取材が主だった。梶山氏が乗っている車をタクシーで追いかけて、信号で振り切られたことも何度もあった。番記者同士「俺たち少年探偵団だな」と言って慰め合った。

夜になると議員宿舎の廊下で帰宅を待ち、時間に余裕があって機嫌がいい時は、部屋に招き入れられて懇談した。こうした番記者として各社一斉に行う取材の合間に、どうやって相手と「サシ」の時間をつくって、単独取材をするかが重要だった。

最初は相手にされなかったが、だんだんそういう時間がつくれる関係になっていった。記者が政治家を観察するのと同じように、政治家も記者を見ている。梶山氏と直接そういう話をしたわけではないが、おそらく私の仕事を見て、少しずつ警戒感を解いてくれたのではないかと思う。

男性記者の嫌がらせ

男性記者たちにとって、若くて経験の浅い女性記者が、会社から選ばれた優秀な自分たちと肩を並べようとしていることは、さぞかし目障りだっただろう。嫌がらせもあった。

ある時、国対委員長から昇格した梶山静六幹事長が、忙しい中で週末にゴルフに行くという私的な日程と、そのことに触れた記者懇談の内容が、週刊誌に漏れて掲載されたことがあった。当時、私は番記者の間で順番に回していた幹事社にあたっていて、梶山氏がゴルフに行く日程を前もって知らされていた。そのことが利用された。

ある記者が梶山氏に「佐藤さんが週刊誌に懇談内容を漏らしたようだ。週刊誌にはゴルフの日程まで書いてあり、その日程を知っていたのは彼女だから」と告げ口したらしい。国会の廊下で、私は梶山氏から問答無用で「あんたが漏らしたのかっ」と大声で怒鳴られ、釈明する羽目になった。けれども「瞬間湯沸かし器」のあだ名があるように、激高して手がつけられない状態の梶山氏は、聞く耳を持たない。後に、ようやく怒りが収まったころ、梶山氏の周辺の人が「あれは誤解です」と取りなしてくれたそうだ。そして「あなたは、はめられたんだよ」と教えてくれた。

記者同士で「はめる」「外す」は相手が女性記者でなくても起きることだが、やはり女性記者だから目障りで標的にされやすく、政治家も男性記者の言い分を信じるという面はあっただろう。

女性が出てくると叩くという男性は、いくつかのタイプに分かれるように思う。

一つは、男尊女卑の文化の中で育ってきてミソジニー（女性嫌悪、女性蔑視）が染みついているタイプだ。これはなかなか直らないので、残念だが放っておくしかない。そんな男性にかまっている人生の時間がもったいない気がする。男性がそれ以上、出世しないことを祈るだけだ。

二つめは、競争を勝ち抜くために、足を引っ張りやすい女性を外そうとするタイプ。この本の「はじめに」の冒頭で紹介した大手新聞社の男性政治記者は「大勢いる担当記者の中から抜け出して政治家に食い込むために、まず女性記者から外す」と言っており、このタイプに当たる。

三つめは、前者二つのタイプと重複する部分はあるが、女性の進出によって、男性優位の社会や文化が変更を迫られることを嫌うタイプだ。男同士のホモソーシャルな世界でうまくやってきたのだから、女性が出てきてかき乱したり、邪魔をしたりしないでほしい、と考えているように見える。

私をはめた男性記者は、この三つの混合型のように見えた。

ただ、「あれは誤解です」と取りなしてくれたのは男性の関係者だったたし、私が意気消沈しているところを国会中を駆け回って探してくれて「今夜は夜回りをさぼってカラオケで歌いまくろう」と飲みに連れ出してくれたのも他社の2人の男性記者だった。周りには良くも悪くもオッサンしかいなかった。

私の知り合いの政治部の女性記者で、自民党の清和研（森派、現在は安倍派）担当だった人がいるが、彼女も男性記者同士のボーイズクラブのような世界で苦労した一人だ。番記者仲間の中で、女性は彼女と民放テレビ記者の2人だけだった。民放の女性記者は、ある大物政治家によく食い込んでいたため、彼女は男性記者たちから「君も少し見習って、政治家には上目遣いをしたほうがいいぞ」などと、からかわれていたという。

ところが、ある日、その民放記者が、大物政治家が密かに料亭で別の政治家と会っている映像を独自に取材して放送した。すると何人かの男性記者たちは、翌日から民放の女性記者を無視し始めたのだという。無視するというのは、番記者同士で共有する政治家の日程や連絡事項などを教えないということだ。

それまで普通に付き合ってきたのは、「どうせ女を武器に食い込んでいるんだろう」とでも思っていたのだろうか。それが仕事上のライバルになったと思った途端、自分たちを出し抜くことは「許せない」と考えたのだろう。これは、前述した「女性が出てくると叩く男性」の三つのタイプのうち、二つめと三つめの混合型のように見える。そこに「男の嫉妬」が加わる。

「女に政治はわからない」

政治部の記者たちは、こんなふうにして政治家の一挙手一投足を追いながら、政治の動向をつかみ、報じていく。実力のある政治家に付けば、その言動や政治の動きをいち早く報じることができ、特ダネにつながりやすい。いかに実力者に食い込むかが、記者生活で大きなウエートを占めていた。実力政治家は当選回数を重ねなければならないため、年齢層が高く、働く女性との付き合いにも不慣れな人が多い。中には大物政治家に食い込む女性記者もいるが、基本的にはこうした戦いで、女性記者は不利だった。

女に政治はわからない、という言い方も長年なされてきたが、これは本当だろうか。すでに答えは出ているように思うが、少し言及しておきたい。

梶山静六氏と親しかった佐藤信二衆院議員から言われたことがある。「梶山さんが『いろいろ教えてやっているのに、勘が鈍くてなあ』とあなたのことを言っていたぞ」と。これはちょっとショックだった。梶山氏に政局勘をほめられる記者などほとんどいないのではないかと思う一方、自分でも思い当たる節があったからだ。

政策ならば理詰めで考えればいいが、政局は人間関係、人間考察の世界だ。それも政治家というオッサンたちのむき出しの権力闘争を取材する。オッサンたちがどういう思考回路で、どういう行動を次に取るのか、今言ったことの裏にはどんな意味が込められているのか。そういうことがパッとわかるかどうかは、政治記者として重要な要素だ。当然、男性記者に分がある。ただ男性の中にも鈍い記者はいる。結局、これはもう努力で克服するしかない。

「女に政治はわからない」論は、少なくとも記者の分野では、そういう意味だというのが、私の経験からくる実感だ。

政局の取材は、男たちの権力闘争を見ることができ、自分もその渦中に巻き込まれるから面白いのだが、同時にむなしさもつきまとう。

1992年夏から1年間にわたった政争の内実は次のようなものだった。

リクルート事件から始まった政治改革論議が、選挙制度改革をめぐる対立に発展し、一方で金丸氏への5億円闇献金事件の処理をめぐって自民党最大派閥の竹下派が「小沢対反小沢」に分裂した。両方の要素が交錯しながら、1993年6月に宮澤内閣不信任案が可決され、宮澤首相は衆院を解散し、直後に自民党は分裂した。衆院選で自民党は過半数を獲得できず、非自民8党派による細川連立政権が誕生し、55年体制は崩壊した。この時の衆院解散は政治改革解散と呼ばれたが、実際には竹下派のお家騒動という面が大きかった。

夜の「サシ」取材

1993年夏に自民党が野党に転落した後、私は厚生省（現在は厚生労働省）や外務省など官庁取材を経て、1996年に橋本政権ができるとまた梶山官房長官番になるのだが、そのあたりの詳しい話は、繰り返しになるので省こうと思う。

ただ、このころになると中堅・ベテラン記者になるため、違う問題が生じてくる。

女性の政治記者にとってのハードルの中に、政治家、政治家の秘書、官僚らとの「サシ」取材の問題がある。夜のサシ取材はなかなか気を遣う。

例えば、夜中に男女が2人で焼き肉を食べていたら、男女関係があると見られがちだが、記者の場合はそうではない。それが日常的な仕事だ。

こちらが気にしなくても、相手が写真誌などを警戒して嫌がることも多い。正当な取材なのに、あたかも男女関係があるように見せかけ、はめようと思えば、いくらでもできる。そういうことを警戒するのは、政治家よりも官僚に多かった。「誰かに見られると困るから、個室か半個室がいい」と言われることもよくある。

もちろん日中に取材できれば、それに越したことはないが、忙しい中で相手が早朝や深夜にしか時間を取れないという場合はどうしてもある。電話やメールですむ取材ならそれでいいが、重要な取材は昔も今も対面が基本だ。新型コロナウイルスの感染拡大で、対面取材が制限され、オンライン取材や電話取材に軸足を移さざるを得なかった時期もあるが、オンラインや電話では政治の機微に触れる話はしにくいし、やはり重要なニュアンスが抜け落ちてしまう。

若いころは、サシ取材には本当に気を遣った。男女という要素をほとんど気にせずにサシ取材ができるようになったのは、政治部でキャップ、デスクなど責任ある立場を任されるようになってからだ。こちらにも自信が出てくるし、相手も粗雑な扱いはしなくなる。

ほんの5年ぐらい前のことだが、政治家の秘書が、ある女性記者からサシで飲みに行こうと誘われ、悩んでいた。その秘書は政局の筋読みが正確で、重要な取材対象だった。

「どうしようかな、やっぱりまずいかな。○○ちゃんとサシはまずいよな」と言っている。

「もう1人、誰かを誘ったら」とアドバイスしたら、「そうだね。それじゃあ、あいつを誘おう」と、他社の男性記者に声をかけていた。その男性記者には気の毒なことだ。いや、女性記者を利用して楽に取材機会が得られるのだから、「儲けもの」と思う男性記者もいるかもしれない。このあたりは、記者の個人的な力量と感性によって差がある。

その後、数週間して、私もその秘書に聞きたいことがあり、一緒に飲みながら話をしようかということになった。しかし、先日の様子を見ていたので「誰か誘おうか。サシがまずければ」と言うと、「なんでまずいの。いいじゃん。2人で行こうよ」とあっさり言われた。

私は「○○ちゃん」のように、相手が取材を受ける時にウキウキするような女性記者ではなくなっていた。年齢と立場の違いが大きいだろう。「ああ、これで夜のサシ取材にピリピリと気を遣わなければならない、長い間の苦労がようやく終わったんだな」と感慨深く思うと同時に、少し寂しくもあった。

女性記者の損と得

子どもを持つ女性記者はもちろんのこと、独身であっても女性記者にとってのハンディキャップはさまざまある。男性中心の社会である限り、残念ながらハンディがなくなることはないだろう。けれども、どうやら男性記者の中には、自分たちのほうにこそハンディがあると思っている人も多い。

「女はいいな。女というだけでスクープがとれる。俺なんか今の政治家をもう1年も担当しているのに、まだ名前も覚えられていない」「男は女に甘い。特に政治家はそうだから、女性記者は得だ」「女性記者は下駄をはかせてもらっているようなもの」

こんなぼやきを、何度となく聞いてきた。男性は自分たちが生まれた時から下駄をはかせてもらっているとは思いもしないようだ。

こうした発想から来るのだろうか。民放テレビ局の政治部が、有力政治家の担当に女性記者を積極的につけるようになっていった。政治家から「僕の番記者は女性記者にしてね」と求められることもある。私自身はキャップ、デスク、部長の時代に、政治家から「番記者の人事」で要求されたことはなかったが、他社の男性記者から、話を聞かされたことは何度もある。

確かに女性記者は、良くも悪くも目立つ。だが目立って得することもあれば、損することもあるのだ。名前と顔をすぐに覚えられる反面、失敗も目立つ。揚げ足を取られやすいし、足をすくわれやすい。損得勘定で言ったら、圧倒的に損が勝っていると思う。それは新聞記者に限らず、他の業界でも同様ではないだろうか。

しかも、女性記者だから情報を流すという政治家や政府高官は、そもそも記者と真面目に付き合おうと思っていないのだろう。適当に当たり障りのない情報を提供し、満足させて、利用する。そういう関係ならば、男性記者よりも、女性記者のほうがいいということではないか。そんな政治家とは早めにおさらばしたほうがいい。

2018年4月にテレビ朝日の女性記者が、財務省の福田淳一事務次官からセクシャル・ハラスメントを受けていたことを週刊誌で告発し、大問題になったのは、こうした背景と無縁ではないだろう。

妊婦記者の夜回り取材

育児休業法は1992年に施行されたが、'90年代はまだ育児休業を取得するのは一般的ではなく、多くの女性記者が結婚を機に辞めていった。将来の妊娠・出産・育児というライフイベントに思いをはせ、働きながら子どもを育てることは難しいと考えた人が多かったと思う。

子どものいる女性政治記者は今でも少ないが、'90年代はごく少数しかいなかった。ある時、夜回りで橋本龍太郎氏を六本木の私邸マンションのロビーのソファで待っていると、普段はあまり見かけない、ある新聞社の女性政治記者が妊娠中の大きなおなかを抱えて取材にやってきた。男性記者たちは7~8人いただろうか。ソファを占拠して誰も席を譲ろうとしない。自分が席を替わろうかと思ったが、それも良くないと考え直して、男性記者に「席を替わってあげて」と言ったことがある。

男性記者たちは、意地悪をしていたわけではない。妊婦が深夜に長時間立ったまま仕事をすることに気が回らないぐらい、長時間労働で疲れ切った男性社会の姿だった。

自民党の派閥政治は今もあるが、1996年の衆院選が小選挙区比例代表並立制のもとで行われて以降、人事とカネを握る党執行部の力が飛躍的に大きくなり、それと反比例するように派閥は弱体化した。かつて中選挙区制のもとで派閥が大きな力を持ち、派閥の領袖や幹部にいかに食い込むかを競っていた時代に比べると、女性記者にとっては仕事がしやすい環境になっている。

さらに2000年代以降になると、官邸主導の政治が行われるようになり、有力政治家や政府高官に食い込むことは依然として重要だが、それ以上に政策的な勉強や、洞察力、複眼的な思考など、記者としての総合力が求められるようになっていると私には思える。

男でも女でも、実力のある記者がいいネタをつかみ、良質な政治記事が書ける時代になってきた。女性記者にはひるまず、どんどん政治報道の世界に入ってきてほしい。ただし、出産や子育てとどう両立するかは、今も大きな壁になっている。この問題をどう乗り越えるかは、第三章で見ていくことにしよう。

第二章　ハラスメントの現場

おっぱい好きな大物議員

「オッサンの壁」について考えるなら、ハラスメント（嫌がらせ）の問題を避けて通るわけにはいかない。ハラスメントにはさまざまな種類があり、主なものだけでも、セクシャル・ハラスメント（セクハラ）、パワー・ハラスメント（パワハラ）、ジェンダー・ハラスメント（ジェンハラ）、マタニティ・ハラスメント（マタハラ）、パタニティ・ハラスメント（パタハラ）、モラル・ハラスメント（モラハラ）、票ハラスメント（票ハラ）などがある。この章ではセクハラを取り上げたい。

２０１７年10月、米ハリウッドの大物映画プロデューサー、ハーヴェイ・ワインスタイン氏が長年にわたり女優らにセクハラや性的暴行を繰り返してきたことが米紙ニューヨークタイムズの記事で告発された。これをきっかけにSNS上に「私も」と被害体験を告白する動きが「#ＭｅＴｏｏ（私も被害者）運動」として世界に広がった。

ちょうどそのころ、Ｙａｈｏｏ！ニュース特集編集部が、毎日新聞、日本テレビ、フジテレビの女性政治部長3氏の座談会を企画し、私も出席した。２０１７年12月のことだ。その中で、当然、セクハラもテーマになった。

司会役から「目下、日本でも世界でも職場などでのセクハラに対して声があがるようになっています。男性議員から女性記者へのセクハラはありましたか」との質問が投げかけられた。

当時、日本テレビの政治部長だった小栗泉さんが、フジテレビの政治部長だった渡邉奈都子さんと私を見ながら「**小栗**　昔は……（と2人を見つつ）、ありましたよね？」と言うと、「**佐藤、渡邉**　（沈黙ののち、笑い）」という書き出しになっている。

この時、私は内心「昔はあったが、今もなくなっていない……」と思ったが、ネットメディアの座談会で他の人のことを勝手に話すわけにはいかない。そこで、この場では自分が過去に経験した中から二つのセクハラのケースを紹介することにした。記事に採用されたのは、そのうちの一つで、次のような話だ。

もう亡くなった大物議員ですが、おっぱいを触るのが大好きな人がいました。彼は小料理屋に行くと、仲居さんの着物に手をつっこんで触っているような人だったんです。ある時、私がたまたま隣に座ったら、ふざけて「佐藤さんのおっぱいも触っていいかな」と手が伸びてきた。そこで「ちょっとでも触ったら書きますよ」と言ったら、電気に打たれたようにビビビッと手が引っ込みました。ペンの力ってすごいなというのと、毅然とした態度を取ることも大事なんだとつくづく思った記憶があります。

これは軽微なセクハラで、よくある話だった。実際には触れられていないし、自分としてはきちんと撃退でき、この議員から二度とセクハラめいた行動を取られることはなかったので、今では笑い話として振り返ることができる。一方、座談会の中で紹介したもう一つの経験談は、全体のバランスなどさまざまな点から記事として採用されなかったのではないかと想像する。そして、記事化されなかった次の話のほうが、私にとっては重いものだった。

思いがけず涙が

これも亡くなった別の大物議員の話で、もう20年以上前のことになる。その議員が住んでいた東京都内の議員宿舎の部屋には、夜回りの記者数人が毎晩のように詰めかけ、小一時間ほど懇談に応じていた。ある晩、たまたま他の記者が誰も夜回りにやって来ず、議員と私だけの一対一の懇談になった。最初はいつものようにリビングのソファの下に座り込む形で普通に話していたが、いきなりにじり寄ってきて、腕が肩に回って抱きつかれるようなかっこうになった。「やめてください」と何度か言った。それでもなかなかやめようとせず、最後は振りほどくようにして逃げ帰ってきた。その時、別室に秘書が待機しているのが見えた。秘書は慌てる様子もなく、普通にただそこにいた。

議員の行動はもちろんだが、秘書の行動もショックだった。秘書は明らかに議員によるセクハラという状況に慣れていた。「いったい何人の女性が私と同じような思いをしたのだろう」。想像せずにはいられなかった。

私はその夜のうちに男性の先輩記者2人に報告し、今後の対応を相談した。「そんな奴のところに、もう夜回りに行かなくていい。それで情報が取れなくなっても構わない」。2人は即座に言った。当時、この議員は放っておいていいような軽い存在ではなく、新聞社として情報が欲しかったのはよくわかっていたので、私はこの反応がうれしかった。もしも「他の男性記者がいる時に行くようにして、気をつけて取材してはどうか」と言われたら、落胆しただろう。あるいは「担当を外す」と言われたら、当座はほっとしたかもしれないが、責任を感じ、自分を責めて、後々まで思い悩んだかもしれない。

「もう夜回りに行かなくていい」というのは、会社として情報を失う犠牲を払ってでも記者を守ろうとする姿勢がはっきりしている。しかし「気をつけて取材してはどうか」とか「担当を外す」というのは、一見、記者に配慮しているようでいて、情報入手のほうを優先している。この差は大きい。

先輩記者の反応がうれしくて、私は「いえ、明日からも夜回りに行きます。一対一にならないよう、他の記者がいる時に部屋に入るように気をつけます」と言った。その後も普通に夜回りに行き、無事に仕事をこなすことができた。議員も秘書も全く何ごともなかったかのように振る舞っていた。いや、振る舞っていたというよりも、全く気にかけていなかったというほうが近い。罪悪感など微塵も感じていないようだった。

座談会で20年以上前のこの話を紹介すると、同席していた男性のスタッフが言った。「セクハラというのは、どうしても防げないことがある。大事なのは、セクハラが起きてしまった後、周囲がどう対応するかなんですね」。そのひと言を聞いた瞬間、自分に予期しなかった反応が起きた。涙が出てきた。「もう忘れていたはずなのに、まさかこんなことが心の傷になっていたなんて……」と思い、戸惑った。先輩記者に深夜に報告して以来、このセクハラ経験を話したのは初めてだったため、自分でも気づかなかったのだ。

こんなふうに自分の気持ちに蓋をし、思い出さないようにしてやり過ごしている女性は多いと思う。この章でセクハラのことを書くにあたり、何人かの女性に話を聞いたが、「彼女も、私と同じように気持ちを封印することで何とか乗り切ってきたのだろう」と感じることが何度もあった。

セクハラ？　判断に迷うケース

他の働く女性たちの話に入る前に、自分の話をもう少しだけ語っておきたい。政治記者としての自分のセクハラ経験で忘れがたいケースはもう一つある。政治部記者になって2年目の1991年、宮澤喜一氏、渡辺美智雄氏、三塚博氏の3人が争った自民党総裁選で、朝回り取材をしていた時のことだ。ある中堅議員の議員宿舎の部屋には総裁選の陣営情報を得ようと、毎朝、数人の記者が集まっていた。この議員は、記者たちの健康を気遣い、「朝は味噌汁ぐらい飲まないといけないぞ」と言って、カップ味噌汁を大量に買い込み、一人ずつお湯を注いでふるまってくれる優しい人だった。

ある朝たまたま、他の記者が現れず、一対一の取材になった。いつものように台所で味噌汁を飲みながら話をしていると、「睡眠時間も足りていないいんだろう。少し寝なさい」と言って、隣の和室に行って押し入れから布団を出し、畳の上に敷き始めた。私は遠慮して早々に帰ってきた。議員は高齢で、優しい人だったのと、朝という時間帯もあって、あれはセクハラなのかどうか私は混乱し、すぐに先輩記者に相談した。

先輩記者は「バカだなあ、疲れていてもそんなところで寝ちゃあダメだよ、当たり前じゃないか。あのオヤジ〜。帰ってきてよかったよ」と笑っていた。後から思うと、明らかなセクハラのケースだが、私もまだ若く、記者としても未熟で、何よりも高齢で優しかった議員とセクハラが結びつかなかったため、「それではお言葉に甘えて少し仮眠を取らせていただきます」と危うく寝てしまいかねないところだった。

セクハラかどうか判断がつきかね、対応に困るケースはけっこうある。これもまた別のある大物議員との間で1990年代後半にあった話だが、込み入った取材のため、電話ではなく面会のアポイント（約束）を取ろうとしたところ、「資料を渡してきちんと話したいから滞在中のホテルの自室まで来てくれないか。部屋でゆっくり話そう」と言われた。信頼している議員だったので、かなり迷った。男性の先輩記者に相談したら「絶対にやめておけ」と言う。その先輩記者は「仮に何も起きなかったとしても、ホテルの部屋に入るところを誰かに見られたら、言い訳ができない。完全にアウトだ」と理由まで丁寧にアドバイスしてくれた。確かにその通りだと思い、「部屋には行けません」と断ると、議員は「それじゃあ、部屋のあるフロアの廊下まで来てくれないか」と食い下がったが、これも断った。結局、相手は不承不承、ホテルの地下のレストランまで降りてきてくれて、無事に取材ができた。

その後も議員と記者として、緊張感と信頼のバランスを保った関係が維持されたので良かったが、仮に部屋に来るようゴリ押しされたり、先輩のアドバイスが異なったものだったりしたら、とその後も時々、考えることがあった。何ごともなかったかもしれないが、セクハラ被害にあい悲惨なことになっていたかもしれない。未だにあれはセクハラの意図があったのかどうかわからないでいる。

地方の常習犯は警察官

セクハラは地方勤務でもよく起きる。地方勤務の女性記者がセクハラを受けた相手としてよく聞くのは、警察官だ。私の場合、警察官からの深刻なセクハラはなかったが、消防署の職員はあった。長野支局時代、警察取材の一環で消防署も回っていた。職員と仲良くなり、夕食をともにした帰りの車の中で、職員は運転していた車を止めて、いきなりキスしようとしてきた。「やめてください、やめてください」と制止し、何とか運転に戻ってもらって帰ってきたことがある。この時は、先輩にも上司にも一切、報告しなかった。というよりも、できなかった。まだ地方支局勤務の新人記者で、入社早々トラブルを起こせば、「女はやっぱり面倒くさい」とか「なんでそんなトラブルもうまく処理できないのか」と思われ、人事異動にも影響しかねないと考えたからだ。セクハラ経験のある人にはわかってもらえると思うが、報告をすること自体が残念ながら大きなハードルだった。

ただし、同世代で他の支局で働いていた女性記者だけには電話で相談した。彼女は「そんなこと、絶対に上司に言っちゃダメだよ。(人事で)飛ばされるだけだよ」と言った。そして彼女の経験を話してくれた。

彼女のセクハラ被害の相手は、警察官だった。セクハラという言葉が日本で認知されるようになったのは、1989年の新語・流行語大賞で「セクシャル・ハラスメント」が新語部門金賞を受賞してからと言われる。私の消防署職員の話も、彼女の警察官の話も、セクハラという言葉が広く知られるようになる1~2年前に起きたケースなので、セクハラという認識をしていたわけではないが、便宜上、セクハラとして説明したい。

彼女は取材対象の警察官に食い込んでいたという。夜回りでは自宅に上げてもらい、居間で話を聞くことが多かった。ある夜、警察官の妻が旅行で不在だったが、普段と同じように居間で話していると、警察官が突然、部屋の灯りを消して彼女に襲いかかってきた。彼女は必死に振りほどき、帰ってきた。私が「その後、どうしたの？ 誰かに相談した？ 抗議しなかったの？」と聞くと、彼女はこう言った。「上司に言うわけないでしょ。誰にも相談していない。警察にも抗議しなかった。代わりに、その警察官を脅しあげて、もっとネタを引っ張ってくるから」。

何とも「たくましい」と思われるかもしれないが、そうではない。私の消防署職員の話と同じで、相手に抗議したり、上司に相談したりすれば、「なぜその程度のことを処理できずに大問題にするのか」「こんな奴はきっと仕事もできないだろう」と女性の側が責任を取らされかねなかったからだ。今でも、被害にあった女性の側が責められるという問題は解消されてはいないが、当時はまだセクハラという言葉さえ浸透しておらず、社会全体の認識はあまりにも低かった。今なら、このケースは明らかなセクハラで、警察官が一方的に悪く、女性記者には何の非もないので、この記者が不当な扱いを受けることがあってはならないと認識できるが、当時はそうではなかった。そして彼女のように、相手をこっそり脅しあげてネタを取ってくるという対応をした女性記者は少なくなかった。被害者として声をあげられない以上、それぐらいしか相手にセクハラの代償を払わせる方法がなかったからだ。ほとんどのケースは泣き寝入りだった。

貢ぎ物にされた女性記者

ここからは、前述の警察官からのセクハラ被害のように、私の知り合いでセクハラ経験のある女性たちの話をさらにいくつか紹介したい。記者もいれば、損保会社の元社員もいる。時期は1980年代後半から数年前のものまである。昔聞いた話もあれば、最近知った話もあるが、いずれも改めて本人たちに了解を取ったり、話を聞き直したりした。相手がわからないように匿名を希望した人もいれば、「もういいよ、実名でも」とか「どんどん書いてほしい」と言ってくれた人もいるが、いずれのケースも匿名で紹介する。

ある女性記者は、他社の男性記者からセクハラ被害にあったことを話してくれた。

1990年代半ば、同じ記者クラブに所属していた他社の男性記者たちから誘われて懇親会と称する飲み会に行った時のことだ。各新聞社・テレビ局とも、記者クラブには、一般企業でいえば課長級にあたるキャップのもと数人の記者を置いている。この時の飲み会のメンバーは、男性陣は同じ会社の同じ記者クラブに所属するキャップ以下4人で、女性は彼女1人だけで会社も別だった。彼女はゲストとして招かれたかっこうだった。皆ほとんどが30代で、キャップだけがやや年長だった。楽しく過ごした後、キャップが夜回りのために呼んでいたハイヤーで自宅まで送ってくれるという。遠慮したが、「まあまあ」と皆に勧められ、キャップと2人で車に乗り込んだ。まず車中で身体を触られた。「やめてください」と言い、「早く車を降りたい」と願いながら、時間が過ぎるのを待った。そしてキャップが自宅まで送ると言い張るのを断り、自宅に着く前に車から降ろしてもらい、相手も一緒に降りようとするのを押しとどめ、何とか家までの残りの距離を歩いて帰り着いたのだという。

「後から考えると、男性たちは皆、飲み会の後で何が起こるかわかっていて、キャップのためにお膳立てしたのだと思う。いわばグルだった。キャップはそういう噂のある人だった。私は狙われ、キャップに貢ぎ物として差し出されたのだろう」と彼女は言う。

その後、仕事が忙しかったのと、不愉快なことを早く忘れたい、こんなことにエネルギーを使いたくないという思いから、誰にも相談しなかったそうだ。

取材先の企業幹部からセクハラ被害を受けたというケースもある。1990年代後半、ある企業の幹部に業界再編について取材が集中していたころのことだ。何人かの記者たちが幹部の自宅に頻繁に夜回り取材をかけていたのだが、ある日、私の知り合いの女性記者は幹部の自宅から近いバーに呼び出された。バーに行くと、企業幹部の隣の席に座るように指示された。すると、太ももに手が伸びてきて触ってきたという。「やめてほしい」と訴え、すぐに帰ってきた。上司に相談し、先方の企業広報に苦情を伝えた。しかし幹部本人は謝罪せず、代わりに会社側はおわびのつもりなのだろう、大量の自社製品をダンボール箱に入れて送ってきたそうだ。彼女は「あまりにもバカにした対応だった」と憤る。

大物議員秘書がディープキスを

セクハラの相手が国会議員の秘書という場合もある。1990年代の終わり、ある女性記者は大物議員の秘書から夜9時ごろバーに呼び出された。「お前はオヤジ（議員）に食い込めていない」と言って、相談に乗ってくれるというのだ。しかし、バーに行ってみると、仕事の話はほとんどなく、秘書はチークダンスを踊ろうと誘ってきた。相手の機嫌を損ねるわけにはいかないと思い、嫌々ながらもチークダンスを一緒に踊っていると、耳元で「舌を出せ」とささやき、ディープキスをしようとしてきた。彼女はなんとかいなしてその場を切り抜け、その後は、秘書をにらみつけることでけん制し、再び何かやってきたら議員本人に訴えるつもりでいたという。

彼女はこのことを上司に相談した。すると「ハッハッハッ」と一笑に付されたという。「議員の力を利用して秘書がセクハラをしようとしたことにも腹が立ったが、上司に笑い飛ばされたのはもっと腹が立った。『ああ、こういうことか』と孤独感を覚えた。何もしてくれなかったし、共感さえしてくれなかった」と彼女は悔しそうに話した。

昔のケースを紹介してきたが、セクハラは決して昔話ではなく、現在進行形の話だ。次の話は数年前のことになる。ある夜、女性記者がたまたま職場からの問い合わせの電話に気づかずに出なかった。翌日、出勤すると同僚の男性記者から「なぜ昨日は電話に出なかった？　シャワーでも浴びていたのか」とネチネチと絡まれたという。また、仕事中に突然、「おっぱい、もんでやろうか」と言われた。相手は同僚なので上司に訴えることができず、周囲に波風を立てるわけにもいかないと思い、我慢していたという。その男性記者には他にも噂があった。会社でセクハラについてのアンケートへの回答を求められた時、「異動させるだけで厳しい処分をしなければ、セクハラはなくなることはない」と書いた。

この話をしてくれた時、彼女はちょっと目に涙をためていた。「嫌なことを思い出させてごめん」と謝ると、「いえ、ほとんど誰にも言わずにきたけれど、話をしてすっきりできて、よかった」と涙をぬぐい小さく笑った。

彼女は、会社で女性が昇進すると「どうやって誰にコネをつけたのかな」などとすぐに無責任な噂が飛び交うことにも、うんざりしていると話していた。

大手損保会社の日常的セクハラ

知り合いの女性の中には、1987年、大手損保会社に女性総合職の第1号として入社した人もいる。募集・採用・昇進などで男女差別を禁止する男女雇用機会均等法の施行は1986年だったが、この会社は1986年に女性の総合職を採用しなかったため、1987年入社の彼女が第1号になった。この年、採用された総合職約160人のうち女性は2人で、彼女はそのうちの一人だった。彼女は入社から3年でぜんそくの発作が悪化して、退職した。その時は病気のことしか言えなかったそうだが、理由はほかにもあった。セクハラだった。

セクハラは発言も含めるとほぼ日常的にあったという。損保会社と代理店との10人程度の宴席で、隣に座った代理店の男性から胸を触られそうになったり、脚の間に手を突っ込まれたりした。彼女が「やめてください」と言うと、同席した男性社員たちは驚いていたという。損保会社の一般職の女性社員たちは、それまで「やめてください」と言えずに、我慢していたことが多かったからだ。「減るもんじゃないのに」と男性社員らの陰口が聞こえてきた。彼女は退社後、全く別の仕事に就いた。トップはたまたま女性で、そのためもあってかセクハラとは無縁の職場だった。ぜんそくは損保会社の退職後すぐに治まり、現在も元気に働いている。

話は少しそれるが、総合職を3年間経験した時、つらかったのはセクハラもあったが、「居場所がない」ことだったと彼女は言う。同期の男性総合職からは、完全な同期とは扱われず、女性の一般職社員からは「女性でも男性でもない理解できない生き物」のような扱いをされる。毎朝、一般職の女性と一緒にお茶をいれた。入社時に「朝のお茶は他の女性社員と同じようにいれてね」と言われ、約束したからだ。同期の男性社員はもちろんお茶くみはしない。職場で一人だけ、浮いた存在だと感じていた。「それがつらかった」と振り返る。

いろんなケースを見てきた。ここに登場する人たち以外にも多くの女性の話を聞いた。一つだけ救いだったのは、年齢や仕事の別を問わず、ほとんどセクハラ被害を受けることなく働き続けてこられた人もいたということだった。私の見ていた限り、私と同世代の女性記者でセクハラ経験のない人はかなり少ないのではないかと思い込んでいたが、話してみるとそうではなかった。置かれた職場や人間関係にも左右されるのだろう。しかし、私が新聞記者になった1980年代後半から2000年代ごろまでは、セクハラは横行していたし、現在もなくなっていない。

宴席での「ジェンハラ」

セクハラを取り上げてきたが、冒頭に書いたようにハラスメントにはさまざまなケースがある。私の場合、口に出して訴えることはほとんどなかったが、内心、ジェンダー・ハラスメント（ジェンハラ）のストレスも、けっこうつらかった。ジェンハラというのは、ジェンダー（社会的・文化的につくられる性別）にもとづく嫌がらせだ。「女らしさ」「男らしさ」を押しつけるような言動と言ったほうがわかりやすいかもしれない。飲み会でのお酌を女性に強要するというのがわかりやすい例だろう。

カラオケでのデュエットというのもある。私の場合、デュエットはまだいいが、チークダンスの強要は本当に嫌だった。長野支局時代の警察官との懇親会に始まって、若手記者時代に取材相手などと20回以上、チークダンスを踊らされたと思うが、不愉快でなかったことは一度もない。そしてただの一度も断ることができなかった。

飲み会で、取材相手や接待先の男性の隣に座席を指定され、座らされることも決して愉快なものではない。隣に座るということは、どうしてもお酌をすることとセットになる。隣に座っているから、顔を見てきちんと話ができるかと言えば、そうではない。隣の座席の人よりは、向かいや斜め向かいの座席の人のほうがよく顔が見えて、話もしやすい。男性たちはほとんど無意識なのかもしれない。だが、接待先や上司の隣席を女性に指定して無理に座らせることは、「接待先の男性も女性が隣のほうが喜ぶでしょう」「どうせ女性の話など聞こうと思っていないのだから」「女性はお酌だけしてね」と言っているのに近い。

さすがに女性でも管理職になると、そういう扱いを受けることは少なくなる。しかし、なかなかなくならない。つい先日も、ある学者を数人の新聞記者で囲む会に出席した時、男性記者から「さあ、佐藤さんは先生の隣に座って」と言われ、久しぶりにそうした扱いを受けて驚いた。ただ、昔とやや違って、皆が「そうだ、そうだ」と勧めることはなくなった。さすがに何人かは「ちょっと、このご時世まずいのではないのか」と察知したのだろう。微妙な空気が一瞬流れた。私が「いやいや、ジェンダー平等ですから」と言うと、かすかに笑いが起き、無事に男性記者が学者の隣席に座って、会合は始まった。「ああ、ジェンダー平等って便利な言葉」と不謹慎にも私は思った。もしも「それは女性差別ですよ」と言ったら角が立ち、その場の空気は冷ややかなものになっていただろう。

セクハラのような目に見えるケース以外にも、多くの女性は男性たちが気づかないうちに、こんなふうにしばしばハラスメントを受けたと感じ、そこでどう対応すべきかと思案し、ケースに応じた対処法をとっさに考え、時に思い悩んだり落ち込んだりしているのではないかと思う。ジェンハラの場合は言動そのものは軽微なだけに「そんなことを気にするなんて面倒臭い奴だ」などと被害者のほうが社会不適合者のように非難されやすい。そのため抗議できずに、ひたすらため込み、積もり積もったストレスが自分でも気づかないうちに心の傷になるのではないかと思う。

伊藤詩織さんの告発

ここ数年、セクハラ問題に改めて注目が集まっているのは、先述した「#MeToo運動」が2018年ごろから世界的に広がったことが背景にある。2019年3月には日本で、性暴力事件の無罪判決が相次いで4件出たことを受け、毎月11日に性暴力に抗議する「フラワーデモ」が全国各地で行われるようになった。

2015年4月にはジャーナリスト志望だった伊藤詩織さんが就職先の紹介を受けるため、元TBS記者の山口敬之《のりゆき》氏と会食した後、性的暴行を受けたとして警視庁に被害届を出した。山口氏は準強姦容疑で書類送検されたが、東京地検は嫌疑不十分で不起訴処分にした。伊藤さんは検察審査会に不服申立てをしたが、検察審査会も「不起訴相当」と議決。伊藤さんは損害賠償を求める民事裁判を起こし、東京地裁は2019年に「性行為には合意がなかった」として伊藤さん勝訴の判決を出した。山口氏は控訴したが、控訴審でも2022年1月、「山口氏が同意なく性行為に及んだ」と一審を追認する判決が出された。ただし、二審判決は山口氏の反訴も一部認めた。伊藤さん、山口氏とも上告した。

この問題では、所轄の警察署が準強姦容疑で捜査し、逮捕状も東京地裁から出されたが、警視庁が逮捕状を執行しなかったことが『週刊新潮』の報道で明らかになった。山口氏は当時の安倍晋三首相に近い記者として知られており、政権の意向が働いたか、警視庁幹部の忖度があったのではないかとの疑惑もくすぶり続けている。解明されなければならない問題だ。

伊藤さんに対し誹謗中傷が行われ、二次被害を受けるということも起きた。許されない行為だ。伊藤さんが勇気を持って告発したことに敬意を表したい。性暴力に対して女性が泣き寝入りしたり、司法の場で不当と思われる判決が続いたりしている状況を変える大きな一歩になるようにと願う。

財務省のオッサン感覚

2018年4月12日発売の雑誌『週刊新潮』(同年4月19日号)では、財務省の福田淳一事務次官がテレビ朝日の女性記者を飲食店に呼び出しセクハラ発言をしていた疑惑が報じられ、大きな問題になった。週刊新潮はインターネット上でセクハラ場面の音声も公開した。福田氏と見られる声で「胸触っていい?」「抱きしめていい?」などと発言していた。この章の冒頭で紹介したYahoo!ニュース特集編集部の企画による女性政治部長3氏の座談会から約3ヵ月後のことだった。

福田氏は「女性記者との間でこのようなやりとりをしたことはない」「音声データからは、相手が本当に女性記者なのかもわからない」「女性が接客をしている店に行き、店の女性と言葉遊びを楽しむことはある。しかし、女性記者にセクハラ発言をしたという認識はない」など疑惑を真っ向から否定し、当時の麻生太郎副総理・財務相をはじめとして財務省も福田氏を守った。しかし、政府・与党内から更迭を求める声が強まり、福田氏は事実関係を否定したまま、省内を混乱させた責任をとって辞任した。

この問題では、財務省が報道各社の女性記者に調査協力を求めるなど、対応のまずさが批判を浴びた。被害女性が名乗り出ることへの心理的な負担や二次被害の懸念などを全く考慮していない対応で、「オッサン」感覚を露呈した。「官庁の中の官庁」と言われた財務省の実態だった。

一方、記者が福田氏と会食した際の録音の一部を週刊新潮に提供したことで、情報源秘匿との関係で記者へのバッシングが起きた。私自身も、録音の提供ではなく別の方法で解決できればよかったと思うが、このケースでの記者への批判は問題すり替えの意図を感じ、賛同できない。録音は被害者として他に訴える方法がなく、やむを得ず証拠として提出したのであり、記者の倫理の問題とは別に被害救済が議論されるべきだ。

暗黙のプレッシャー

福田氏のセクハラ問題があった時、自分の過去の経験に照らし合わせて考えざるを得なかった。議員宿舎の部屋で議員から抱きつかれそうになった時、先輩記者2人が「そんな奴のところに、もう夜回りに行かなくていい。それで情報が取れなくなっても構わない」と言ってくれて救われた件では、この議員は大物ではあったが、政党の幹事長のような「オンリー・ワン」という存在ではなかった。彼の情報は新聞社として必要だったが、いざとなったら他の議員の情報があれば、最低限、何とかできるだろうという面もあった。しかし、これが福田氏のような中央官庁の次官で、どうしても日常的に取材しなければならない相手だったら、どうなっていただろう。

もう誰も取材に行かなくていいという結論にはなり得ない。一番いいのは抗議だ。だが抗議しても、なかったことにされて、下手をすれば、報復される可能性がある。報復にはいろんなやり方があるが、一番ありそうなのは一切の取材に応じないことだ。その記者だけでなく、場合によっては新聞社ごと取材拒否にあう可能性もある。「女性の側にも落ち度があるのだろう」と批判されるような二次被害も覚悟しなければならない。

抗議には確かな証拠が必要になる。しかし、セクハラは密室状態で行われることが多いため、立証が極めて難しい。隠れて録音したり、その録音データを公開したりするのは、取材源の秘匿との関係でできない。では、担当を替えてもらうのがいいのだろうか。担当替えは急場しのぎにはなるが、根本的な解決にはならない。被害者が自信を喪失することになるだろうし、相手は反省することなく、同じ行為をまた繰り返すかもしれない。

こういうことが目に見えているから、騒ぎ立てず「無難に処理しろ」「うまく受け流せ」という暗黙のプレッシャーが働く。しかし、その場はそれでおさまったように見えても、無難に処理して受け流すことは、女性の心に大きな傷を残す。被害者の女性のみに負担を強いて、それが人生に長く影を落としかねないような、そんな対応は明らかに間違っている。

福田氏のセクハラ疑惑について2018年4月18日、テレビ局の従業員らでつくる「日本民間放送労働組合連合会」（民放労連）と「民放労連女性協議会」は、次のような抗議声明を出している。

「放送局の現場で働く多くの女性は、取材先や、制作現場内での関係悪化をおそれ、セクハラに相当する発言や行動が繰り返されてもうまく受け流す事を暗に求められてきた。たとえ屈辱的な思いをしても誰にも相談できないのが実態だ。この問題はこれ以上放置してはいけない。記者やディレクター、スタッフ、そして出演者らが受けるセクハラは後を絶たないのに、被害を受けたと安心して訴え出られるような環境も整っていない。このような歪みを是正しなければ、健全な取材活動、制作活動は難しくなる」

自分がまだ若くセクハラに悩んでいた1990年代のころから改善されたようでいて、本質的にはあまり変わっていないのだと思う。だんだんと声をあげられるようにはなってきたが、それでもやはり声をあげることにさえ大きなハードルがあるという実態が広がっている。

男性側の過剰反応

セクハラという言葉が日本で認知されるようになったのは、1989年の新語・流行語大賞からだと書いたが、その後も数年間は私たちの多くはセクハラという言葉を知らなかったし、意識していなかった。認識が広がったのは、1997年、男女雇用機会均等法にセクハラ対策が初めて明記されたころからだったと思う。

セクハラという言葉ができたのは、大きかった。先に登場した元大手損保会社で総合職第1号だった知り合いの女性は「当時は、セクハラについて口に出して言えなかったし、セクハラという言葉もなかった。言葉を持つことは、力を持つうえで非常に大切だ」と振り返る。

セクハラという言葉がない状況で、女性が被害を訴えても「気にしすぎだ」などと軽くいなされ、下手をすれば逆に「そんなことを問題にするなんて、お前おかしいんじゃないのか」と女性の側が非難されかねない。セクハラという言葉がなかった時代、自分も含めて多くの知り合いの女性が泣き寝入りするしかなかったのは、そういう事情があったと思う。しかし、セクハラという言葉が定着することによって、「セクハラはしてはいけない行為だ」「被害女性に非はなく悪いのはあくまでも加害男性だ」ということが社会の共通認識になれば、被害を訴えやすくなるし、報告を受けた上司が対応せざるを得なくなる。大きな違いだ。

一方で、「羹《あつもの》に懲りて膾《なます》を吹く」とでもいうように、男性の側に過剰反応も起きるようになった。よくあるのは、男性上司が女性の部下と一対一で飲みに行くような誘いをしなくなるというケースだ。それで仕事に支障が出ない職種や職場ならば一向に構わないが、新聞記者の場合は困ることもある。例えば、機微に触れるネタを追っていて、その日のうちに内密に打ち合わせが必要になるようなケースだ。忙しくて時間のない中で、食事の時間を打ち合わせに充てるしかなく、「それじゃあ仕事が一段落したところで、晩飯を食いながら打ち合わせしよう」となるのだが、それが男女一対一だと、やりにくいという場面が出てきた。私は全く意識していなかったのだが、ある時期から急に上司から飲みに誘われなくなったことがあり、「どうしたのか」と聞くと、「いや一対一はまずいかなと思ってね」と言われて、驚いたことがある。仕方ないと思って放っておいたら、何も状況は変わっていないのに、また普通に誘われるようになった。男性の側も、迷いながら対応しているということなのだろう。

あるいは直接的な仕事の話ではなくても、いわゆる「飲みニケーション」として、時には酒を一緒に飲みながら話をするのも必要なことだ。大勢で飲めばいいではないかと言われるかもしれないが、酒を飲もうが飲むまいが、本当に重要な話は「一対一」のサシでするというのは、特に私たち新聞記者には染みついている。そこで、女性ばかりが誘われないというのは、問題が生じる。

ただ、こうした問題も、女性が少数派だから起きることだ。男女の比率がもっと近づけば、お互いに注意しながら付き合うことになり、一方的に女性が飲み会に誘われなくて不利になるということはなくなっていくのではないだろうか。もちろん、女性上司から男性の部下へのセクハラにも、これまで以上に注意を払わなければならない時代に入っていくだろう。

反省しない社会

セクハラという言葉が定着し、これだけ認識が広まってきたように見えるのに、それでもなくならないのはなぜだろう。

福田次官の問題があった時、ある政治家の言葉が広まった。「福田氏のような話で辞任させれば、日本の一流企業の役員は全員、辞任しないといけなくなるぞ」。本人に発言の確認を直接とっていないし、客観的事実と異なることを言っているので、匿名でしか書けないが、私はいかにもありそうな発言だと思った。この発言が本当だとしたら、国会議員、中央官庁の幹部だけでなく、民間企業の幹部だって同じだと、政治家自らが言ってはばからず、反省もしない社会とは何なのか。「オッサン社会」の深い病を思う。

私の友人の女性は、「日本の男性は結局、独身女性をバカにしているんだよ」と怒っていた。セクハラの標的になるのは主に独身の女性だ。既婚女性へのセクハラもあるだろうが、独身女性に比べれば圧倒的に少ないのではないか。それは既婚女性には、やはり夫の影がちらつくからではないだろうか。男性からすれば、セクハラが問題化した場合、相手が独身女性ならば相手の責任を言い募って逃れられるかもしれないが、既婚女性ならば夫が乗り出してきて大事《おおごと》になるかもしれない、といった計算が無意識に働いているのではないか。そんなふうに私は見ている。

時々不思議に感じるのだが、オッサンたちはこのままでは自分の娘が同じような被害にあうかもしれないと考えないのだろうか。それとも「娘は専業主婦にさせて会社勤めなんかさせない」、あるいは「優良企業に就職させるから大丈夫」「親のコネがあるから誰も手を出せないだろう」とでも考えているのだろうか。または「手を出される女性のほうにスキがあるからだ」とでも考えているのだろうか。セクハラに苦しむ女性たちと、自分の娘を分けて考えられる発想が私には全く理解できない。想像力の欠乏症としか思えない。

セクハラ被害に対しては、相手に直接抗議するか、会社の相談窓口や労働組合などに相談し、相手に事実関係を認めさせ、謝罪と再発防止を確約させる必要がある。しかし、一般的にいって会社へのセクハラ相談は、依然としてハードルが高いようだ。女性たちが会社側の対応を信頼できないのが一因だろう。

男女雇用機会均等法にセクハラ対策が初めて明記されたのは１９９７年。その後、改正を重ねたが、いまだにセクハラの禁止を盛り込むことはできていない。私の友人が言ったようにセクハラは厳罰をもって対処しない限り、なくなることはないが、日本社会の対応は極めて甘い。ハラスメントに苦しむ人に対し、周囲が見て見ぬふりをしているうちは、皆が気持ちよく働き、ひいてはそれが業績につながる会社や社会をつくることはできないだろう。ましてや女性活躍社会なんて、絵空事でしかない。

第三章　「女性初」が嫌だった

ガラスの崖

「女性初の○○」。職場でこう言われたことのある人は、私と同世代以上の人にはけっこういるのではないかと思う。私の場合も女性初の自民党経世会（竹下派、現在の茂木派）担当、女性初の毎日新聞ワシントン特派員、そして女性初の全国紙政治部長などと、「女性初」がたくさんあった。

２０２１年10月には、オッサン社会の象徴のような労働界で「女性初」が誕生した。日本労働組合総連合会（連合）会長に芳野友子さん（当時55歳）が選ばれ、１９８９年の連合発足以来初めて女性が会長になった。私よりも少し若いが、同世代だ。

これより一足早く、２０２０年７月には全国労働組合総連合（全労連）の議長に小畑《おばた》雅子さん（当時61歳）が就任している。日本の労働組合のナショナルセンター（全国中央組織）で女性がトップに就いたのは、小畑さんが初めてだ。労組の二つのナショナルセンターのトップがどちらも女性になった。

連合の芳野さんは、会長に選出された定期大会で、次のように就任の挨拶をした。

「私自身が連合運動に関わったきっかけは、連合東京の女性委員会でした。当時の構成組織の女性リーダーの皆さんは、女性の人権、そして労働権について真剣に議論をし、女性が安心して働き続けていくための環境整備に真剣に取り組んでいました。そういう人たちが、構成組織の本部、そして連合の中で活躍をしていくのだろうというふうに思っていましたが、残念ながら、女性には『ガラスの天井』があり、本人たちの気持ちとは裏腹に労働界から去るという姿を見てまいりました。私自身がこれから連合のトップとして正しいかどうかということもありますが、そうした女性たちの顔が思い浮かび、そしてガラスの天井を突き破るチャンスを逃してはならない、そのように思い、覚悟をいたしました」

芳野さんは、女性の昇進を阻む組織内の見えない障壁「ガラスの天井」(glass ceiling)に言及したが、私はこの挨拶を聞いて、「ガラスの崖」(glass cliff)を思い浮かべないわけにいかなかった。

「ガラスの崖」は、危機的な状況にある組織ほど女性が要職に就きやすい傾向をいう。リスクが高い役割を女性登用の名のもとに担わせ、成功すればもうけものだし、失敗すれば「やっぱり女性はダメだ」といって崖から突き落として使い捨てにする、という発想のことだ。「大切な男性」を危険なポストに就けて、将来を台無しにさせるわけにはいかない、ということらしい。

もちろん連合側に女性に責任を押しつけて、場合によっては使い捨てにするという意識があったとは思わない。だが、立憲民主党を支持する産別（同じ業種の企業別労働組合が集まって組織される産業別労働組合）と、国民民主党を支持する産別の間で、政治路線の対立などから連合の会長人事が難航し、「誰も『火中の栗』を拾いたがらなかった」ことが、女性の会長誕生につながったという。

連合に詳しい元野党議員はこんなふうに解説してくれた。「女性にこんな言い方して悪いけどさ、困った時には、女性か若い人にやらせるのがいいんだよ。誰も反対できないし、取りあえず、みんなで支えないとまずいな、と思うでしょ」。

政治的な路線対立から人事が迷走しなければ、連合の会長に女性が選ばれることはなかったかもしれない。

「男だったらもっと出世したのに」

自分の話に戻ろう。私自身は、長い間ずっと「女性初の〇〇」という言葉が嫌で仕方がなかった。なぜ仕事をするのに女性と男性を殊更に区別しなければならないのか。女性が進出していなかった分野では、必ず誰かが女性第1号になるのだから、大騒ぎすることではないのではないか。「女性初の〇〇」と言われてメディアに登場している人たちに対しては、尊敬の念はあったが、同時に女性であることを利用して仕事をしているのではないか、という屈折した感情を抱いてきた。

「あなたは良くも悪くも女性であることを利用しないね」と昔、同僚の男性記者から言われたことがある。「悪くも利用しない」というのは、おそらくさまざまな場面で相当に頑なな態度をとっていたからだと思う。女性であることを意識し、男性社会に過剰に同調しようとしていた。女性同士の集まりというのが嫌いだった。それでいて、女性の政治記者にロールモデル（目指すべき姿）を見出せないことに孤独と不安を感じていた。常に手探り状態で仕事をしている感覚があった。

よく女性のニュースキャスターが「安藤優子さんのようになりたい」「国谷裕子さんが目標です」と言っているのを見ると、うらやましく思う。ロールモデルがあり、それを目標にできることは幸せなことだ。

さらに子どものいる女性の政治記者となると、その厳しさは私の想像を超えるものがある。

「女性初」が気にならなくなり、むしろ積極的に受け入れていこうと思えるようになったのは、2013年に論説委員になったころだった。48歳の時だ。要するに新聞記者になって四半世紀以上も「女性初」問題に悩まされていたことになる。

政治部のデスク（副部長）や編集委員を終えて、政治部を卒業する形で論説委員になる時、ある女性の同僚が私に言った言葉がある。「佐藤さん、男だったらもっと出世したのにね」。

「えっ？」私は憧れの論説委員になることを光栄に思い、喜んでいたので、この反応には驚いた。

ちなみに論説委員というのは、新聞社の社論を担う記者たちで、具体的な仕事としては毎日、2時間近い議論を重ねながら、一日2本の社説を執筆している。論説委員は、政治部、経済部、外信部、社会部、くらし医療部、科学環境部、学芸部、運動部など各部の部長経験者やベテラン記者の中から専門性を重視して20人余が選ばれる。私は外交・安全保障担当の比較的若手の論説委員だった。

新聞社以外の人にはわかりにくいかもしれないが、新聞記者は一定の年齢以上になると、ライターとして生きていくか、会社の幹部として編集や管理部門の責任者になっていくか、選択を迫られるようになる。

毎日新聞政治部の大先輩でジャーナリストの岩見隆夫さんは、2014年に78歳で亡くなる直前まで政治コラムを執筆するなど精力的にライターとして活躍したが、一緒に飲んでいて酔っ払い、「やり残したことは」と聞かれると、「政治部長」と言うことがあった。それぐらい記者人生の終盤の選択には、悩ましいものがある。

論説委員や編集委員などライターとして生きていくことが記者として最高の人生だと思

う人もいれば、そうでない人もいる。まさか論説委員を出世と結びつけられて、そんなふうに受け止められるとは、考えてもみなかった。

「男だったらもっと出世したのにね」との発言に驚いた理由はもう一つある。出世の定義や、出世したいかどうかという問題は別にして、女性だから出世できないのだと、あまりにも当たり前に受け止められていたことにハッとさせられた。

私自身は論説委員になれた喜びしかなかったし、そこまでの出世志向も、自信もなかったため、自分の身に照らしてそんなふうに考えたことはあまりなかった。ただ「女だから出世できない」という要素があるのはその通りだし、何よりも女性たちがそれを当たり前のこととして受け入れなければならないことに問題の根深さを感じる。

この時は自分が再び政治部に戻って部長になるとは思っていなかった。

それではこの後、4年間の論説委員時代を経て、「女性初の全国紙政治部長」にどうやってなったのか、どんな反響があったかを語っていこう。

政治部長昇格の第一報

毎日新聞では例年、4月の人事異動の内示は2月中下旬に行われる。さらにその前に転勤の準備や取材先への挨拶など本人の利便性に配慮して、所属長の裁量で内々示が行われることが多い。新聞記者というのは取材が大好き、人事情報が大好きという人が多い。特に男性記者だ。内々示が行われるかなり前から、さまざまな情報が虚実ない交ぜで飛び交う。

余談だが、昔、あるテレビ局の政治部記者が、政局の最中に地方局への異動を内示され、こううめいていたことがある。「しまった。政局取材にかまけて、社内人事を怠った」。それぐらい男性記者たちは、人事好きが多いように見える。

2017年4月に政治部長になる前、私のもとに最初にその情報がもたらされたのは、知り合いの男性の海外特派員からだった。その年の1月早々に電話があり「あなたのことだからさあ、どうせ知らないだろうと思って電話したんだけど、今度、政治部長になるらしいよ」と言われた。海外にいる同僚のほうが情報が早かった。

それから数日後、上司から呼び出され、内々示を受けた。

「4月から政治部長だ。政治部OBが酒を飲んで激励しようと言っているんだが、いつがいい?」。他にも細々《こまごま》した話は多少あったが、要点は突き詰めればこれだけだった。政治部OBにも話が広がり、飲み会を設定するよう言われたため、日にちを決めたいというのが話の趣旨だった。

テレビドラマで見る人事異動のドラマチックな場面とは全く違う。私の場合は、ほぼこれだけだった。おそらく女性の部長に対し、社内に異論や警戒感もあったが、それを伝えるわけにもいかなかったからではないか、と勝手に推測した。ある時「もう少し説明があってもいいのにね」と同僚に愚痴をこぼしたら、「部屋に呼ばれて説明されただけましだよ。僕なんか廊下ですれ違いざまに異動を言われたことがあったんだから」と慰められ、妙に納得した。

『週刊文春』が報じた5人の女性部長

先述したが、この時、毎日新聞では私を含めて5人の女性の部長が一気に誕生した。政治部、社会部、生活報道部、科学環境部、大阪地方部である。5人とも1987年〜1990年に入社した男女雇用機会均等法の第1世代にあたる。『週刊文春』が聞きつけて、さっそく2017年3月9日号で記事にした。読み返してみると、全般的に好意的な記事なのだが、細部に男性目線を感じさせる面白い表現があるので、紹介したい。

「政治部長も！　社会部長も！　毎日新聞　女性活躍の旗振り役」という見出しで、朝比奈豊会長の写真があしらわれている。その下方に女性の新部長たち3人の写真が並ぶという構成だ。

私への評価は「性格はサバサバしていて男勝りなタイプ」(毎日政治部記者)。社会部長の磯崎由美さんへの評価は「若い頃から可愛らしく」（毎日社会部記者）。ほかに科学環境部長の元村有希子さんらへの評価もあるが、こちらは『新・情報7daysニュースキャスター』（TBS系）に出演するなど「マスコミへの露出も多い」などと客観的なものだった。

そして、今回の「女性登用」は、毎日新聞の〝ドン〟こと、朝比奈豊会長が旗振り役だという、と続く記事だった。

「男勝り」とか「可愛らしい」とか評される女性記者たちが、男性会長の英断で部長に昇進したというストーリーが描かれている。細部はやや事実と異なる部分もあるように思うが、社内情報に関わるので、そこは避けたい。ただ、男性社会に女性が進出していく時は、こういうふうに描かれるものなのか、とややステレオタイプに思える描き方に、居心地の悪さを感じた。

男性が出世する場合には、組織上のバランスを考慮してとか、人事抗争の果てにという場合もあるが、多くの場合は、個人の実力が評価されたと受け止められる。しかし女性の場合は、個人の実力が評価されたというだけでは、みんな納得しないようだ。これまで男性が占めてきた地位を女性が奪うには、少なくとも現状では何らかの別の説明が必要ということなのかもしれない。

それではなぜ5人の女性部長たちが誕生したのか。週刊文春は「読売や日経がすでに女性部長を登用しているのに対し、毎日ではこれまで重要ポストに女性を充てることはなかった」「『女性活躍』を成長戦略に組み込んだ安倍首相に対するアピールではないか」という説を紹介している。

会社側には安倍首相にアピールするつもりはなかったと思うが、女性活躍を推進する時代になったことは意識しただろう。私自身は、なぜ政治部長に就任したのかと聞かれた時に、次のように答えるようにしていた。

「デジタル時代になり、新聞社は各紙とも部数が落ち込んで改革を迫られている。社内の多様な意見をいかさなければ、競争に生き残れないという判断があり、女性の活用につながったのではないか」

週刊誌の「安倍首相へのアピール」に比べると全く面白くなく、建前のように聞こえるかもしれないが、これが私の正直な受け止め方だ。前述したように「なぜ部長に」という説明はなかったので、私の推測に過ぎないのだが、そんなに外れてはいないと思う。

組織が危機を迎えた時に女性の登用が進むという「ガラスの崖」に、毎日新聞の女性部長5人の登用も当たるのだろうか。会社にそこまでの危機感はないと思うが、逆に新聞業界が順風満帆だったら、残念ながら起こりえなかったことではないかと想像する。

ワシントン特派員への登用

ワシントン特派員、論説委員、政治部長という自分が経験してきたポストを並べると、新聞社の出世コースを歩んできたように受け取る人もいるかもしれないが、内実はそうでもない。

少し時計の針を巻き戻す。

２００１年にワシントン特派員に出る時、私は36歳。ワシントン支局は、米国の国内だけでなく、米国から世界を見る報道が求められ、分野も多岐にわたるため、各新聞社とも外信部、政治部、経済部などがそれぞれの部出身の記者を派遣する仕組みになっている。私は政治部枠で、他にも有力な男性の候補者が数人いた。

政治部出身のワシントン特派員は、外交・安全保障のほか米大統領選を取材することになり、責任は極めて重い。政治部枠で女性記者を派遣するのは今でこそ普通になったが、当時はどこの社もほとんどなかったと思う。

私も自分が選ばれる可能性はほぼないだろうと思い、積極的に売り込むこともせず、いわば片隅で手だけ挙げて意思があることを示していたという感じだった。

選考は難航したようだった。かなり後になって知ったことだが「一番仕事をした人間を選ぶべきだ」と言って何人かが後押ししてくれたことが大きかったようだ。仕事を評価してもらえた面はあるにしても、そういう人たちの声がなければ、決して選ばれることはなかっただろう。

女性記者を選ぶよう後押しすることは、当時はそれなりに勇気がいることだったに違いない。失敗すれば推薦するほうも責任を問われる。男性の特派員でも同じだが、男性の場合は「期待したのに、うまくいかなかった」というだけで終わるのに、女性の場合は、あることないこと付け加えて論評される。それを女性もその推薦者も覚悟しなければならない。

だから男性は女性を推薦するのに慎重になる。男性上司が女性を登用する場合は、慎重に育て上げたうえで推薦しようという発想になりがちだ。失敗覚悟で「とりあえずやってみろ」といって登用されるケースは、女性の場合、私が知る限りはほとんどない。女性の登用がなかなか進まない要因になっている。女性の登用を阻む「オッサンの壁」の一つだ。

ワシントン赴任は2001年10月1日付けだった。これは約半年前に決まっていた。まさか赴任の前月に世界を揺るがす米同時多発テロが起きようとは思っていない。テロ後、東京とワシントンD.C.を結ぶ全日空（ANA）の直行便はキャンセルが続いた。赴任の直前にどうにか再開され飛行機に乗ると、中はガラガラだった。ワシントンでは、米同時多発テロ直後のアフガニスタン紛争、2002年の米中間選挙、イラク戦争、ブッシュ（子）米大統領が再選された2004年の大統領選などを取材して、その後の大きな財産になった。

「佐藤は終わりだな」

3年半のワシントン特派員生活を終えると、東京に戻り政治部に復帰した。政治部で外務省、与党、首相官邸の各キャップを担当した。首相官邸キャップを務めたのは、2006年から2007年の第1次安倍政権の時で、閣僚が次々と辞めるなど政権は混乱続きで大変な忙しさだった。体調は良くなかったが、休むわけにもいかなかった。

「この生活が終われば政治部デスクになれるのだろう。デスクはローテーション勤務だから、キャップとして朝から晩まで首相官邸という現場に詰めて働くより、少しは楽になるかもしれない」と考えていたのが甘かった。約1年間の首相官邸キャップの生活が終わる2007年10月1日付けで川崎支局長へ、思わぬ人事異動を命じられた。

川崎がどうとか地方がどうとかいうことではない。首相官邸キャップが地方支局に出るのは、それまで政治部ではなかった人事だった。政治部という部署は、やはり特殊な面があり、人脈を日々つないで耕す必要がある。地方への異動は、政治記者としてだけ考えると不利な面もある。それでも地方に異動するのは幅広い視野を身につけるためだが、すでに地方も海外も経験している。「なぜ」。いろんな解説がなされた。

ワシントン特派員から帰ってきて生意気盛りだったので、多くの人の気に障ったというのが、一番の理由ではないかと私は思う。ある先輩記者は「このまま君を政治部に残すと、女性をデスクにしないといけなくなるからだろう」と言った。女性の政治部デスクは誕生しておらず、他社を見渡してもまだ珍しい時代だった。「佐藤は終わりだな」という

2006年、第1次安倍政権の官邸キャップの時、首相官邸での懇親会で安倍首相（当時）を見ながら挨拶のスピーチをする筆者

声も聞こえてきた。川崎支局長の2年間はとても楽しく勉強になったので、こんな言い方をして、不快に思われる方がいたら本当に申し訳ない。ただ異例の人事が行われたのは、やはり女性ということが絡んでいたのではないかと、思っている。

第1次安倍政権時、首相官邸キャップ生活の最終盤に、安倍晋三首相が病気で辞任することになるとは思わなかった。安倍首相が辞任を表明した2007年9月12日、私は翌月からの川崎支局長赴任に向けて、副部長職になるための研修を静岡県・伊豆で受けてい

た。首相官邸キャップというポストにありながら、伊豆の研修施設のテレビで、首相辞任のニュースを見るのは惨めだった。「東京に帰りましょうか」と上司に申し出たが、帰るに及ばずと言われた。安倍政権の年表などあらかじめ一部の原稿は用意して置いていったのに、電話がかかってきて「原稿はどうした」などと自分にはどうしようもないことで怒られ、踏んだり蹴ったりだった。この時の悔しさはなかなか忘れることができない。

逃げない女

この経験があった後、私は会社の人事異動に期待するのをやめた。政治部長については、社外の人から期待してくれる声があって、ありがたいと思うことはあっても、その可能性はほとんどないだろうと思っていた。だから、政治部長に選ばれた時、自分の仕事が評価されたという喜びはあっても、それ以上の感慨はなかった。「全国紙で女性初の政治部長」と言われ、講演でもそう紹介され、自分でも自己紹介で使っていたので、さぞかし「オッサンの壁」を越えた感慨があるだろうと思われるようだが、違う。「オッサンの壁」は越えるものではなく、壊すものだ。私が政治部長になったぐらいでは、壁は簡単には壊れない。

私が政治部長に選ばれた理由は、新聞社がデジタル時代の生き残りをかけた改革を求められているという時代状況が大きかったと理解している。ただ、それだけでは、次の世代の女性たちの参考にはならないだろう。あえて一つ自慢を許していただけるなら、昔、信頼する他部の上司から「君は逃げないからな」とひと言、言われたことがあり、「自分の仕事を理解してくれている人がいる」と、とてもうれしく思った経験がある。「逃げない」「難しければ、別の方法を探して提案する」という姿勢は、私が仕事をするうえで大事にしてきた背骨のようなものだ。

そもそも私たちの世代の新聞記者は、上司から「できないと言うな」「弱音をはくな」といって育てられた。ほとんど、体育会系かスポ根漫画のノリだ。新聞記者が、求められている仕事をできなければ、誰がそれを代行できるのか、誰もいないではないかという、強烈な自負があった。新聞というメディアが圧倒的な力を持っていた時代ならではと言っていい。

それに加えて私には女性という要素があった。仕事で一度逃げたら、二度と信用は得られないと思っていた。男性だったら「しょうがない」「次はしっかりやれよ」で済ませられることが、「あいつは逃げる」「仕事ができない」とすぐに言われて、その噂はあっという間に広がる。決して「次はしっかりやれよ」と大目に見て励ましてくれる人はいない。だから、私には二重の意味で、仕事で「逃げる」という選択肢はなかった。これは同世代の働く女性たちには、かなり共感してもらえる感覚ではないかと思う。

政治部長に選ばれた理由をあえて挙げるなら、「逃げない女」だったからではないかと、自分では思っている。

次世代の働く女性たちが、同じように無理な働き方をする必要はない。身体を壊さないように、家庭と両立するために、うまく逃げたほうがいい場合もあるだろう。ただ、何か仕事を任されたとき「難しければ、別の方法を探して提案する」というのは、いつの時代も変わらない大事なポイントのように思う。

政治家への挨拶回り

さて、政治部長に就任した後だが、部長として仕事をする中で、社外との関係で「オッサンの壁」を感じたことは実はあまりない。一方、社内については言いにくいことが多いが、「オッサンの壁」を感じる場面がしばしばあった。メディア、特に新聞社は、まだまだ強固な男性優位社会だ。

まずは社外との関係から見ていきたい。

政治部長としての最初の仕事は、挨拶回りから始まった。どの業界でも同じだろう。知り合いの政治家や官僚には当然、挨拶に行くとしても、面識のない人たちにまで挨拶に行くべきかどうか迷った。人脈がものを言う永田町、霞が関で、挨拶は非常に重要で、「あいつは挨拶に来なかった」と後々まで恨み言を言われることも多い。ベテランの自民党職員に相談すると、「少なくとも自民党の役員会メンバーには全員挨拶したほうがいい。たとえ面識がない相手でも、挨拶に来られて嫌がる政治家なんていないよ。絶対に断られないから、最大限やったほうがいい」とアドバイスされた。その通りだった。

自民党では、当時の二階俊博幹事長を党本部幹事長室に訪ねて挨拶したのをはじめ、主だった政治家を回った。二階さんと何の話をしたかは覚えていない。全くの雑談だったと思う。最後に自民党のクリアファイルのお土産をたくさん持たされて終わった。野党の政治家や各省庁幹部も回り、およそ1ヵ月かけて50人近い人に会ったと思う。

それまでも人事異動の際に挨拶回りをしたことはあったが、政治部長としての挨拶回りはちょっと違った。こちらが「では、そろそろ」と会話を切り上げない限り、政治家のほうが積極的に話し込んでくる。1時間近くに及んだこともしばしばあった。

2017年4月のことだ。第2次安倍政権が発足して4年余りがたち、「安倍一強」状態が続いていたため「物言えば唇寒し」とばかりに皆、表だっては言わないが、長期政権への不満がくすぶっていた。

挨拶回りだから、会話の中身は報道しない、いわゆるオフレコ扱いだ。話し込む政治家たちは、内政・外交全般にわたって、自分たちの考えている疑問や見解を、新聞社の新政治部長に説明しておきたい、と考えているように見えた。相手が女性部長かどうかは関係なかった。「オッサン」の典型のように見える政治家でも、政治家として必死に仕事に打ち込む時、性別の壁を乗り越え、性別に関係なく相手と向き合うのかもしれない。長年、政治家を見てきて、これが私の偽らざる実感だ。

この年の2月、学校法人「森友学園」への国有地売却で約8億円の値引きが行われたことが報じられ、衆院予算委員会で安倍晋三首相が「私や妻が関係していたということになれば、まさに私は、それはもう間違いなく総理大臣も国会議員も辞めるということはハッキリと申し上げておきたい」と答弁するなど、森友学園問題が重くのしかかり始めたころだった。後になって問題が発覚し、調査が行われてからわかったことだが、この安倍首相の答弁をきっかけに、国会答弁の辻褄を合わせるために、2月下旬から4月にかけて財務省によって、公文書である決裁文書の改ざんが行われた。

この2月から翌年の2018年3月まで1年以上にわたって、国会審議では、改ざんされた文書に基づいて虚偽の説明がなされた。そして改ざんをさせられた近畿財務局職員の赤木俊夫さんが2018年3月7日、改ざんを苦にして自殺した。

私が政治部長になったころは、今から思うと、ちょうど公文書の改ざん作業が行われていた時期だった。それらを政治記者として見抜けなかったことに反省しかない。公文書改ざん問題は、その後の自民党総裁選や衆院選でも議論になった。また、赤木さんの妻・雅子さんは、夫の死の真相を裁判を通じて解明しようと、国家賠償訴訟を起こした。だが、2021年12月、国は雅子さん側の請求を全面的に認める「認諾」という手続きを取り、裁判を幕引きしてしまった。全容解明されなければならず、忘れてはいけない問題だ。

安倍政権との壁

取材対象の中で、自分が政治部長になったことを喜んでくれた意外な人物がいた。第2次安倍政権以降、安倍晋三首相の政務担当秘書官を務めていた経済産業省出身の今井尚哉《たかや》さんだった。安倍政権が「経産省内閣」と呼ばれたのは、今井さんら経産省出身の「官邸官僚」たちが大きな力を持ったからだ。さかのぼって2006〜2007年の第1次安倍政権で、今井さんは事務の首相秘書官として広報を担当していたため、当時、首相官邸キャップをしていた私のことを覚えてくれていたようだ。

そんな関係が奏功したのかどうか、安倍首相の単独インタビューを早々に取れることになった。2017年7月3日夕方だった。その前日、東京都議選で自民党が歴史的な惨敗を喫するとは、取材する側もされる側も思ってもいなかった。

質問は事前に提出を求められた。当時の首相官邸キャップが首相秘書官と何度もやり取りをした。「森友学園」「加計《かけ》学園」（モリカケ）問題は当然、尋ねるし、憲法改正や外交問題についても聞くことにしていた。

基本的には事前調整の流れに沿って質問したが、もちろん全くその通りにはならない。こちらは質問の二の矢三の矢を継ぐ。どうしてもモリカケ関連の質問が多くなった。安倍首相は「話が違うではないか」と言いたげに、こちらをにらんでくる。結果、けっこうたっぷりと森友学園問題などを聞くことになり、後から首相官邸内では「あのインタビューは失敗だった」と反省の声が出たという噂を聞いた。

私のほうも、決してほめられたわけではない。テレビのコメンテーターとして活躍していたある有識者と雑談していたとき、「安倍さんのインタビューを載せること自体が、もはや微妙だよね」と言われた。それぐらい安倍首相への不信感が広がっていた時期だった。

政治部長として解説記事を何本も書いたが、ある時、その中の一本が安倍さんの怒りを買ったという噂が流された。教えてくれたのは、霞が関の官僚だった。噂が本当かどうかはわからないし、どの記事なのかも不明だったが、当時、「官邸官僚」に接触しようとしても、外されがちになった時期がしばらくあった。

安倍政権というのは、一部メディアを優遇し、気に入らないメディアを排除する傾向のある政権だった。政治家や官僚との懇談の場は、全く面白くなくなった。政治家も官僚も記者も、官邸に「チクられる」ことを警戒するからだ。

私の政治部長としての仕事は、対外的には「オッサンの壁」よりも「安倍政権の壁」との闘いだった。政権との距離に悩まされた2年間だった。

人前で話す訓練

政治部長は、小さな勉強会のような集まりから、大きな講演会まで、頻繁に政治について話をすることを求められる。北海道から九州まで講演に行った。1~2ヵ月に1回はそうした機会があったと思う。

新聞記者というのは、書くのは好きだが、人前で話すのは苦手という人が多い。新聞記者出身で、テレビで活躍している人もいるが、聞いてみると昔は話し下手で、努力したというケースがけっこうある。テレビ局の記者やアナウンサーとは違って、普段、話す訓練など受けていないのだから当然と言えば当然だ。

私の場合、そこに女性という事情がやはり加わる。自民党の派閥取材の話の中でも書いたが、女性が人前で話すことについて「出過ぎだ」「空気が乱れる」と言われて育ってきた。それが急に、大勢の前で「どうぞ話してください」というふうに変わる。そしてうまく乗り切れなければ、やっぱり女性はダメだと言われる。

「しゃべるな」→「しゃべれ」→「なんだダメじゃないか」と変わるわけで、これって、ほとんどいじめに近いのではないかと思うが、働く女性にとっては珍しいことではない。今でも講演などは苦手だが、だんだん慣れてこなせるようになってきた。

相手の関心を考えながら要領よく自分の考えを伝え、飽きさせずに話を聞いてもらうというのは、講演だけではなく、会社の会議でも当てはまる。

男性も女性も極めて上手にこなす人もいれば、冗長だなと思うこともある。これは慣れと訓練の問題だ。例えば、女性の話がうまくいかなかった時、「なんだダメじゃないか」と切り捨てるのでなく、これまで機会をあまり与えてこなかったということに、少なくとも管理職にいる人間は思いをはせるべきだと思う。そして、もっと積極的に機会を与えて、慣れてもらおうと思う会社は、見込みのある会社ということになろう。

女性登用などと構えて考える前に、こんな日常的なことにも、女性活躍をサポートする芽はひそんでいる。

男性の強固なネットワーク

社外との関係で「オッサンの壁」を感じたことはあまりなかった一方、社内については「オッサンの壁」を感じる場面がしばしばあったと書いた。まだ会社を辞めるわけではないので、社内のことは具体的には書けないことが多いが、ひと言でいうと周囲からの「当たりがきついな」と思うことがあった。警戒感の表れだろうと思う。

例えば、政治部で請け負うテーマではないように思える問題を、政治家が少し絡んでいるというだけで、忙しい時期に政治部で担当して紙面をまとめてほしいと頼まれたことがあった。

私は疑問をそのまま口にした。「テーマとしては、社会部や、くらし医療部の分野に近いと思うのですが、これは政治部がやらないといけないのでしょうか」。そう言った途端、相手がキレた。「断るのかっ。信じられない、もういい」。

「いや断っているつもりはなく、これはどこの仕事なのか、政治部の仕事ではないのではないかと、ただ検討のための話をしていたつもりですが……」と取りなしたが、相手は聞く耳を持たなかった。結局、その仕事は他の部が請け負ってくれた。

ちょっとした発言の揚げ足をとられたり、他社と比較して少しでも見劣りする仕事があれば、それ見たことかと陰口を叩かれたりして、それが聞こえてくるということもあった。おそらく男性部長なら、頻度は圧倒的に少ないことだろう。男性ならばちょっとした失敗でも「気にするな」とすぐ周囲が慰め、問題になりにくい。男性同士の結束は固く、互いに不満に思っていても、周囲に広げることは少ない。

女性の場合、それが面白おかしく何倍にもなって広められる。被害妄想と言われるかもしれないが、失敗するのを待っているのかと思う時もあるぐらいだ。

男性の強固なネットワークは、他にも男性に都合のよいさまざまな効果を生んでいるように見える。例えば、何かまずい事態が起き、その責任回避を図ろうとした男性社員が、嘘をつくまではいかないギリギリのところで、責任があたかも他の女性社員にあるような話しぶりをし、それが男性社員同士の話し合いの中で出回り、周囲も上司もうのみにする。そこに女性社員は介在しないから、女性の言い分は入ってこない。男性に都合のよい情報だけが回り、それが既成事実化する。そのまま女性社員が気づかずに女性社員の責任にされてしまうこともあれば、ある時に女性社員の耳に入って「どうしてこんな話にされているのか。自分はそんなことはしていない、言っていない」と仰天することもある。

自分にもそういう経験が何度かあった。対処法としては、きわどい話には必ず客観的な評価のできる第三者を関わらせることが重要だ。後で言い分が食い違った時に、その人が貴重な証言者になる。また管理職は男性社員の話、特に噂話だけに耳を傾けず、女性社員の話を積極的に聞く必要がある。そのことを意識してほしい。

男性は男性同士の強固なネットワークを維持する代償なのか、筋違いの要請を受けた場合でも、目をつぶって仕事を請け負うことも多いように見える。持ちつ持たれつの関係が、暗黙のうちにできあがっている。女性は、そういう企業文化に染まっていない分、摩擦はどうしても生じる。逆に言えば、女性を登用するのは、そういう企業文化の旧弊を打ち破る必要もあってのことではないかと思う。

女性部長が5人いたということは救いだった。1人だったら、もっと厳しい立場に立たされていただろうと思うし、風当たりは比較にならないぐらいきつかっただろう。

もちろん男性の中でも個人差は大きい。世代の差もある。

ある男性上司は「自分はジェンダーの問題で、どうしても古い考え方から抜け出せない。努力しているつもりだが、いろんな話を聞くたびに、ああ、まだまだわかっていないなあ、と思うことが多い」と語っていたことがある。こんな人は、たとえ「オッサン」であっても信用できる。

女性政治部長座談会の反応

ハラスメントの章でも取り上げたが、2017年12月にYahoo!ニュース特集編集部が女性政治部長3氏の座談会を企画してくれた。毎日新聞、日本テレビ、フジテレビの3社政治部長である。これには多くの反響が寄せられた。

女性の反応は二つに分かれた。一つは、とても好意的で、私が会社のトイレで遭遇したものに代表される。洗面所で手を洗っていると、見知らぬ若い女性記者から「読みました。元気が出ました」と話しかけられた。これは本当にうれしかった。

もう一つは、人づてに聞かされた反応で、あるメディアのベテラン女性記者が「あんなふうに女性、女性と特別に扱うのは、よくない」と不快そうに話していたということだった。おそらく、私が長年抱いてきた「女性初」への違和感と通じるものがあるのだろう。もっと普通に女性が扱われ、働ける社会になってほしいという、この反応もわかる気がした。

ある程度想定していたことだが、特に座談会の最後の言葉が、いろんな人を刺激したようだった。「会社における自分の役割をどう考えていますか」という質問に、私は最後に次のように答えた。

私も出世志向がまったくないので、いつクビを切られてもいいし、空気を読まない、忖度しない。それが一種の武器ですね。政治家との間でも社内でも、いろんなしがらみがありますが、それに気づかないふりをして改革したい。「女はわかってねえな」と思っている人たちがまだまだ多いであろうことを逆手に取り、しがらみを断ち切って、やるべきことをやりたいなというのが目標です。

この座談会の記事を読んで、知り合いの男性記者が面白いメッセージをSNSを通じて寄せてくれた。

「まず座談会が成立するほど女性部長がいるというのに驚き、次に重たい女性ファッション誌のような美しい写真に感嘆し、佐藤さんが毅然とした態度で乗り切ったのにホッとし、最後の佐藤さんのシメの言葉がカッチョいいロックのように響きました！　自分も含めて愚かな男は愛嬌で行くしかないから、皆さんに日本を切り開いていってほしいです！」

本人に了解を取ったうえで、抜粋を引用させてもらった。

日本社会で生きていくには、「男は愛嬌、女は度胸」なのかもしれない。

この反応は、男性が会社で生きていくのにいかに我慢を重ね、納得できないことを飲み込んでいるのかを想像させてくれた。男性には養うべき家族がいるから、ということなのかもしれない。男性たちは、会社で上司の理不尽な言い分に耐えて、長時間労働をし、女性を養うという社会の構造は厳然としてある。その壁はとても厚い。

どんな上司を目指すべきか

政治部の部員たちにとって、女性部長はどんな存在だっただろうか。これは直接、聞くわけにもいかないので、よくわからない部分がある。

まず私の立場から言うと、どんな部長になるべきかを最初にイメージした。ひと言で言うと「プレイングマネージャー」になろうと考えた。スポーツの世界で言えば、選手兼任監督ということになる。

部員たちも初めての女性部長に戸惑いがあるかもしれない。管理職として指揮命令だけをしていれば、「偉そうに」と反発を招いたり、部員が面従腹背したりする結果になりかねない。それは避けたい。それならば、自分でも取材して、その情報を部内で共有し、仕事している姿を見せながら、現場の状況を理解し、コミュニケーションをよくしたい。そんなふうに考えた。

もう一つイメージしたのは、嫌われるのを覚悟で、小姑になってガミガミ言おうということだった。本当はそうはしたくない。部長なのだから、大きな方向性を示して、あとはデスク（副部長）やキャップに任せればいい。

あるライバル新聞社の部長と話していた時、「うちはデスクが全部やってくれるから部長職は楽ですよ」と言っていたことがある。本当なのか、はったりなのかはわからない。別の新聞社の部長は、「上司が紙面に毎日、細かく口を出す。翌日呼ばれて注意されることも多い。せめて前日に言ってほしい、翌日にあれこれ言われても困る」とこぼしていることがあった。新聞社のやり方はそれぞれだし、その時々の編集局の顔ぶれでやり方が変わることもある。

私がガミガミ小姑を意識したのは、デスク陣を信用していないからではない。「この際、政治部という組織の体幹をしっかり鍛えたい」と考えたからだった。

どうせ嫌われるかもしれない女性部長なら、それがやりやすいと思った。翌日になって注意されるのが嫌なのは自分も経験しているので、気づいたことはなるべくその日のうちに言おうと思った。

夜はほぼ連日、政治家や官僚らとの付き合いがある。それが終わって会社に戻ると22時近くになる。翌日の朝刊のゲラ刷りができているころで、それを見ながら気になった部分を注意するということを2年間ほぼ毎日続けた。

これは特別なことではなく、大手新聞社の政治部長は私の知る限り同じような作業をしていた。それでも見落として、翌日ガミガミ言うということもあった。

今から思うと「同じことを言うにも、もう少し優しい言い方をすべきだった」などと反省点は多い。2年たった時、何とかこの組織が強くなっているようにと、ひたすらそんな思いだった。

政治部長として残した仕事

政治部長の2年間は、森友学園問題に始まって、2017年夏の東京都議選、2017年秋の衆院選があり、2018年秋に自民党総裁選が行われ、2019年春に平成から令和への改元があった。安倍長期政権の終盤で、政治の信頼が大きく損なわれ、メディアとの関係も難しいものがあった。その軋轢《あつれき》で悪戦苦闘した。その中で、細かいことは置いて、政治部長として残した仕事と言えるのは二つあると思っている。

一つは、毎日新聞デジタルで「政治プレミア」という政治専門サイトをチームの一員として立ち上げたことだ。ただ、これは発案者は別にいて、それを部長として了承し、初期の運営に協力したという、受け身の仕事だ。

当時は社内でこうした分野特化型のサイトに力を入れようという雰囲気がそれほどなかったが、多くの人の協力を得て今や人気サイトに育っている。

もう一つは、毎日新聞の内政面で「蔵書拝見」という政治家に愛読書について語っても

ら う連載企画をやったことだった。一人の政治家に、思い出に残っている本や、最近読んで面白かった本など、計2冊を紹介してもらい、毎月、第3火曜日と第4火曜日に紹介していった。

かつて朝日新聞の早野透氏が「政治家の本棚」というインタビュー企画をして、著書にもなっている。そういう政治家の匂いのする企画をしたいとずっと思ってきたことが実現した。立ち上げにあたっては、同僚から「本を紹介するなんて、インテリぶった政治部らしいけど、政治家だったら歌のほうが面白い。『政治家と歌』というテーマで連載企画をするべきだ」と言われた。

確かに政治家と歌の関係は、本よりもプリミティブ(根源的)なものがある。カラオケや宴会で何を歌うのかには、それなりに政治家の人生や人柄が詰まっている。ただ、歌に投影された人生を描くことは、本を描く以上に記者の筆力が問われるなど、さまざまな問題があって実現しなかった。いつか誰かに書いてもらって読みたいと思っている。

菅義偉氏が2020年9月に首相に就任した時、愛読書の一つが、米国のパウエル元国務長官のインタビュー『リーダーを目指す人の心得』だったことが話題になったが、それはこの企画で取り上げたことがきっかけになっている。官房長官時代の菅氏に「一度出てくれませんか」とお願いしたら、快諾してくれた。

「蔵書拝見」の企画は、２０１８年４月の初回が河野太郎外相が紹介した本『水源』（原題 *The Fountainhead* アイン・ランド著）で始まり、２０２０年３月までの2年間で、19人の政治家の計38冊を取り上げた。私が政治部長を終えて、大阪に転勤している間に打ち切りになり、後から聞いて残念に思った。書籍化できないかと知り合いに相談したこともあるが「政治家は尊敬の対象ではないから、本にしても売れない」とすげない返事だった。

5人の女性部長のその後

人事異動に伴う送別会は、意外な評価が聞かれる貴重な場だ。２０１９年４月末に約2年間の政治部長を終える時、私は多くの部員を地方支局や他の部署に送り出すとともに、自分自身も大阪本社の編集局次長となるため送られる立場だった。

送別会では、本人の挨拶とは別に、ゆかりの深い記者が送る側を代表して挨拶する。その場で、この人にはこんな一面があったのかとか、こんなトラブルがあったのかと、初めて知る話も多い。会社近くの居酒屋で開かれた送別会で、主役は部員たちだが、自分にどんな挨拶がなされるのかについても興味があった。

ところが時間がおし、司会者が私についての挨拶を忘れて、送別会を終わろうとした。部員を代表して送る言葉を述べるはずだった記者も仕事で到着せず、代理で別の記者が急遽、挨拶に立った。そしてこう言った。「佐藤さんは、女性部長としてよく頑張ったと思います」。近くで聞いていた別の記者が「微妙な挨拶だな」と笑った。

私は力が抜ける思いがした。2年間、これだけ打ち込んでやった仕事の最後の評価がこれなのか。女性かどうかだけで評価されるなんて、政治家の世界よりもひどい。メディアのオッサン社会の壁の厚さを改めて突きつけられた気がした。しかも後輩の男性記者からである。後から「僕がきちんと挨拶すべきでした」と言ってくれた部員もいたことがせめてもの救いだった。同席していた先輩の山田孝男・特別編集委員からは「あんなに雰囲気のいい政治部を作り上げて十分じゃないか。そんな小さなことを気にするもんじゃないよ」と笑われた。

けれども送別会の挨拶で「男性部長としてよく頑張った」とは誰も言わないし、「年次が若い部長なのによく頑張った」「外信部出身の政治部長としてよく頑張った」とも言わないだろう。たとえそう思っていても失礼になるからだ。しかし「女性部長として」だけは失礼ではない、ということなのだろう。女性に対する偏見が染みついているとしか言いようがない。

うれしい言葉は、政治部ではなく他の部署の男性後輩記者がかけてくれた。「読みたいと思える内政面をつくってくれて、ありがとうございました」。会社の廊下を歩いていると、わざわざ遠くから呼び止めてこう言いに来てくれた。「読みたいと思える内政面」というのは、内政面はどうしても永田町の政治家たちの業界話が中心になる中で、それはそれで重要なのだが、前述した「蔵書拝見」など、違うアプローチも取り入れて紙面をつくったということだと思う。ほんの2〜3分間の会話に過ぎなかったが、このひと言で、自分の2年間の思いを成仏させられた気がした。

毎日新聞の5人の女性部長たちは、その後どうなったのか。2年間、仕事をしっかりこなし、それぞれ昇格して次のポストについている。ただ、次の世代は多くの女性部長が誕生するところまではいかず、東京本社の編集局で女性の部長は2022年3月時点で2人しかいない。

これは部長を務める女性の適任者がいなかったということに尽きる。その原因は、やはり女性管理職を積極的に育ててこなかったからだし、女性が仕事と家庭を両立しながら能力を存分に発揮できるような環境整備が社会全体としても不十分だったからだ。

私の場合は、大阪本社に転勤して大阪編集局次長を1年務めた後、東京に戻って論説副委員長を1年務め、2021年春から、東京本社の編集編成局総務という仕事に就いた。「総務」という肩書はわかりにくいらしく、取材先で名刺交換すると不思議な顔をされた後に「会社の新型コロナ対策も大変でしょう」と言われることが多かった。ただ、いわゆる総務部のような仕事をしていたわけではなく、編集局で同じような立場の局次長たちと一緒に日々の紙面の責任者をローテーションを組んで務めた。

2021年秋は菅義偉首相が自民党総裁選への出馬を断念して退陣を表明し、総裁選の結果、岸田文雄氏が自民党の新総裁、そして新しい首相に選ばれ、衆院選が行われるという流れで、政治の季節が続いた。東京本社の編集編成局総務という立場で、政治取材を自分でもし、紙面づくりにも関わった。その時の話は、第四章で触れることにしたい。

2人の女性論説委員との出会い

話はさかのぼるが、政治部長になる前の4年間の論説委員時代のことを少し語っておきたい。そこで2人の女性の論説委員と出会ったことは、女性が働くことについて考えるうえで、大きな経験になった。

科学担当の論説委員（正確には論説室専門編集委員）の青野由利さんは、その後、2020年に日本記者クラブ賞を受賞することになる科学ジャーナリスト。経済担当の論説委員だった福本容子さんは、ロンドン特派員などを務め、テレビ出演も多く、その後、早期退職した後は、僧侶となり毎日新聞客員編集委員としても活躍している。

組織で女性の比率が3割を超えると、文化が変わると言われている「黄金の3割」とか

「クリティカル・マス」（critical mass）という考え方がある。3割いれば少数派の女性であっても周囲の男性から圧迫感を感じることなく自由に発言ができるようになり、その見解が組織に影響を及ぼすようにもなる。この理論に沿えば、論説室は20～25人が在籍しているので、少なくとも6～8人が女性である必要がある。それには遠く及ばなかったが、2人は3人目の私が論説委員に加わったことをとても喜んでくれた。

青野さんと福本さんに共通していたのは、記者として研鑽《けんさん》を積んできて、実力があったということだ。そして、2人とも留学や特派員を経験し、世界に目が開かれていた。男性社会に過剰同調することなく、おかしいことはおかしいとはっきり主張する。意見が聞き入れられないこともあるが、めげない。

政治部の記者生活が長かった私の周りにいたのは、社内外ともオッサンばかりだったので、彼女らの存在は新鮮だった。私はそれまで男性社会に同調し、それでも同調し切れず、なにか摩擦が起きると「君がおとなしく言うことを聞かないからだ」といったことをこっそり言われることもあった。そんなことが続くと、自分に非がないことでも自信がなくなってくる。2人はそんな時に単なる慰めではなく、客観的に「あなたは間違っていない」と言ってくれる存在だった。後から考えると、女性が働くうえで必要なメンター（助言者）のような役割を果たしてくれたのかもしれない。

女性政策が社説のテーマになることもあり、その時の議論は割れたが、面白かった。2015年前後のころだ。この分野に関心の高い福本さんが執筆者に指名されることが多いのだが、社説執筆のための議論で、彼女はまず政治分野などで女性の人数を増やすための制度、強制力を伴う仕組みを導入すべきだ、と主張する。すると、他の男性記者はだいたい反対する。候補者や議席の一定数を女性に割り当てる「クオータ制」の導入についても当時の議論では反対論が多く、私もこの時は反対論を唱えていた。

反対論はたいてい「女性の人数だけ増やそうとしても、能力に欠ける女性を無理して登用することになり、うまくいかない。女性にとっても気の毒だし、女性進出をかえって遅らせる結果に終わりかねない」といったものだった。私も初めはそう考えていた。しかし、そのうちに何年たっても、状況は変わらず、同じ理屈での議論ばかりしていることに気づかされた。そうなると、これはもう理屈ではなくて、やらないための口実と考えるしかなくなってくる。

私がずっと「女性初の○○」という言い方を嫌がってきたことも、自己満足に過ぎないと思うようになった。次の世代に目が向いていない。「女性初」を受け入れて何にでも挑戦し、次の世代の女性が普通にその仕事をこなせるような環境を積極的につくるべきだと考えるようになった。それで風当たりが強まるのなら、仕方ない。受け入れるしかない。我慢して男性優位社会に同調し、同じような社会を次の世代に渡すのは、身勝手だと考えるようになっていった。

メディアの女性管理職

メディア、中でも新聞社は、典型的な男性社会だ。メディアで働く女性を増やすことの重要性が叫ばれ続けているが、歩みは遅い。だからこそ毎日新聞社で5人の女性部長が誕生したのが週刊誌に取り上げられるし、その後は、なかなか続かないということにもなる。

２０２０年の新聞・通信社の記者に占める女性の割合は22・２％で、新聞・通信社の管理職に占める女性の割合になると8・０％に過ぎない。民放の管理職に占める女性の割合は15・０％、ＮＨＫの管理職に占める女性の割合は10・１％だ。

社会の指導的地位に占める女性が増えれば組織が変わる。メディアで管理職はもちろんだが、非管理職も含めて女性が増えることの意味は、組織が変わるだけでなく、やはり媒体を通した社会に対する影響力ゆえだ。

よく批判されることだが、メディアで見られる男性目線の表現の問題がある。「女子高生」「女子大生」「女性教諭」「女性記者」。これらの表現には、メディア側も気をつけ、必要最小限にし、見出しにとるかどうかを慎重にそのつど、判断するようになっている。それでも、ふとしたことで、必要もないのに、「女性○○」が文中に何度も出てくる原稿があって、最初だけで十分だろうと、慌てて削らせるなどということが、今でも時々起きる。やはり男性記者に多いが、見ていると年齢差よりも個人差が大きい。年配の記者でも、意識の高い人は気をつけているし、若い記者でも無頓着な人もいる。

なぜ「女性、女性」というのを慎重にしなければならないのか。それは「女性だから失敗した」「女性だからこんなことをやらかした」と偏見を増幅しかねないからだ。性別の問題ではないことに、性別のバイアスをかけることに、メディアが加担しかねない。新聞の場合、ニュースに取り上げられるのは圧倒的に悪い出来事のほうが多いため、特に気をつけなければならない。

これは女性だけでなく、障害者など、社会のあらゆる少数派について言えることだ。メディア側も勉強し、変わってきてはいるが、まだまだ不十分な点は多い。

女性記者が増えることは、伝える情報内容の偏りを防ぐことにつながり、扱うテーマの幅を広げるという効果もある。管理職に女性が増えれば、男性管理職なら通さない企画を、女性管理職なら通すということも出てくるだろう。

権力との関係でいえば、女性記者ならば忖度しないのか、と言われればそうではない。女性でも男性と同じように政治家や官僚と清濁併せ呑むような付き合いをする人もいる。これはやはり性別の問題ではなく、個人差が大きいようだ。

メディアにおける男性目線の表現にも関わることだが、2021年3月には、テレビ朝日の『報道ステーション』のウェブCMが問題になった。若い女性が「どっかの政治家が『ジェンダー平等』とかってスローガン的にかかげてる時点で、何それ時代遅れって感じ」と語ると、「こいつ報ステみてるな」という言葉が画面にあらわれるという内容だ。CMは批判を浴び、取り下げられた。

番組側は、「幅広い世代の皆様に番組を身近に感じていただきたいという意図で制作しました。ジェンダーの問題については、世界的に見ても立ち遅れが指摘される中、議論を超えて実践していく時代にあるという考えをお伝えしようとしたものでしたが、その意図をきちんとお伝えすることができませんでした」との文書をツイッターに投稿して、謝罪した。

しかし「議論を超えて実践していく時代にある」というのは、正直よくわからなかった。実践できていないから、議論しているのではなかったか。あたかも議論はもう出尽くしたとも聞こえるが、果たしてそうだろうか。問題が解決していないのに、さも解決したように受け取られかねない。「ジェンダーを論じるのは格好悪い」「政治は格好悪い」と若い女性は考えているだろうとタカをくくり、迎合しているように見えた。

子どものいる女性記者の実情

オッサン社会に同調して働かなければ認められなかった時代は、過去のものになりつつある。それでも女性の「生きづらさ」は解消されない。まだいくつもの壁が存在している。特に、子どもを育てながら働く女性の大変さは、限度を超えていると思う。この話は、独身で経験のない自分にはわからないことが多いので、子どものいる女性記者から匿名で取材させてもらった話を踏まえて語りたい。

社会部や政治部の経験がある知り合いの女性記者は、子育て中の記者をサポートする側の記者たちに不満が出ないような制度的な手当が必要だと、切実な悩みを打ち明けてくれた。例えば、夜討ち朝駆け取材を自分に代わってやってもらう際、代わりの記者に「立ち番手当」のような制度をつくってほしいという。

彼女が以前、子育てとの両立について同僚の男性記者に相談した時、たまたま海外勤務経験が豊富で合理主義のその記者は「結局、カネで解決するしかないんだよね」と言ったそうだ。言葉は悪いが、そういうことになる。

どういうことなのか、順を追って見ていこう。

他の業界でも同じだと思うが、新聞社も最近は、子育て中の記者のために、働き方の選択肢を増やしている。フルタイム勤務だけではなく、短時間勤務制度を設けている。

そもそも、3歳未満の子どもを育てている労働者については、短時間勤務制度が法律で義務化されている。育児・介護休業法23条は「3歳に満たない子を養育する労働者に関して、1日の所定労働時間を原則として6時間とする短時間勤務制度を設けなければならない」と定めている。育児中の労働者であれば、男性・女性を問わずに適用される。

ただし、この制度も決して十分ではない。業務の性質によって、短時間勤務制度の導入が困難な場合、労使協定を結べば制度を適用対象外にできる。3歳から小学校就学前の子どもを育てている場合、労働時間の短縮は努力義務でしかない。

短時間勤務制度の6時間の設定の仕方は、企業によっていろんなパターンがある。例えば午前9時始業にした場合、昼の1時間の休憩をはさんで、終業は午後4時ということになる。

4歳の子どもを育てる女性記者は、子どもが満1歳の時に育休を終えて職場復帰した。当初は短時間勤務制度を使っていたが、午後4時ごろに仕事が終わることはまずない。早くとも午後6時、遅い日は一度、保育園に子どもを迎えに行ってから、自宅で追加の電話取材をすることもあり、早々にフルタイム勤務に切り替えた。認可保育園の開所時間は午後6時15分までだが、間に合わない時は午後8時15分まで延長保育を利用する。2019年10月から「幼児教育・保育の無償化」が始まったため、午後6時15分までに迎えに行ければ無償だが、延長保育を利用しているため月約1万円を負担する。

それでも「無償化で助かる。保育園もありがたい。むしろ、子どもが小学校に上がる時を考えると恐怖だ。学童保育を探さざるを得ないが、公立の学童保育は午後6時半ぐらいまでしか預かってもらえない。民間の学童保育を探さないといけないけれど、月3万～5万円程度は覚悟しないといけない」と悩みを語ってくれた。

仕事を終えて子どもを無事、保育園に迎えに行けても、その後がまた大変だ。自宅に戻っても、夫は深夜まで仕事で帰って来ない。子どもと2人、食事を大急ぎで作って食べる。そのうちに、記者として自分が担当する分野で急に仕事が入ってくる。他の記者が代理でこなせる仕事なら頼めるが、そんな仕事ばかりではない。仕方なく、子どもにテレビで人気アニメ「ドラえもん」を見せておとなしくしてもらい、自分はパソコンを開いて仕事を始める。

不公平感はカネで解決？

片や、子育て中の女性記者のいる職場では、他の記者たちがそれをサポートする必要が出てくる。うまくいけばいいが、摩擦が生じることもある。そうなると、女性記者も周りの記者たちも、双方がストレスを抱えてしまう。

新聞記者の場合、一番の問題は夜討ち朝駆けだ。特に政治部、社会部、経済部の記者などは日常的に夜討ち朝駆けをしなければならない。子育て中の女性記者の中には、ベビー・キッズシッターをフルに利用したり、両親のサポートを得たりして、夜討ち朝駆けを他の記者と同じようにする記者もいるが、これらは少数派だ。

子育て中の女性記者の代わりに、他の記者が夜討ち朝駆けをすることになる。その女性記者が短時間勤務制度を利用していれば、給与が抑制されるので、双方ともある程度の納得感があるかもしれない。しかし、短時間勤務制度の枠に働き方が収まらないなど、さまざまな理由から女性記者がそれを選択しない場合もある。

なぜ「僕だけが」「私だけが」、この寒空のもと、深夜になっても帰ってこない取材対象を自宅前で待ちながら、立ち番をしなければならないのか。「本来、この担当は女性記者のAさんなのに。なんだか不公平だ」と、サポートする記者は考えるだろう。

一方、女性記者Aさんは、「申し訳ない」「自分だって大変だ」「当然の権利だ」と、人によってさまざまだろうが、ストレスを感じることだろう。

それならば担当を複数体制にすればいいだけのことではないか、と思われる人もいるかもしれない。実際、そういう体制を敷いているメディアもあるが、まだごく一部だ。取材対象との関係から、複数で担当する体制を敷いても、メイン担当とサブ担当を決めざるを得ず、結局責任者はどちらの記者なのかという話になるし、そもそも人員に余裕がなければ複数体制はできない。

こういう話をすると「女性が働きやすい職場づくりのため、不平・不満を持つ社員には理解を得られるように、社員教育が重要になる。また、そういう職場をうまく管理するのが管理職の仕事だ」と言われそうだ。多くの会社の公式見解もそうだろう。

しかし、いっそ「立ち番手当のような制度があれば」「カネで解決できれば」、みんなある程度すっきりするのに――。先に紹介した子育て世代の男女の記者から飛び出した言葉は、なるほど理にかなっているように思える。「立ち番手当」というのは新聞記者の一部の仕事をとらえた話だが、要するに子育てと仕事を両立するためには、精神論ではなくシステムが必要で、もっときめ細かな制度を整えなければならないということだ。

ただし、この制度づくりというのが、おそらくまた一筋縄ではいかない。子育てをしながら働く人がみな同じような考え方をしているわけではない。当然の権利であり、これ以上の給与の減額につながる制度は受け入れられないと考える人もいる。しかし、そういう違いを乗り越えて、システムをつくっていくしかないのではないか。それが管理職が本当にやらなければならない仕事ではないだろうか。子育てをしながら働く人が増えてくれば、職場の仲間の思いやりや助け合いだけでは限界で、持続性がないと思う。

仕事と家庭の両立は、女性記者だけの問題ではない。例えば、夫婦ともに記者で、最近は妻のほうが仕事が忙しく、夫が主に子育てをするので、男性記者のほうが夜討ち朝駆けができないというケースも少なくない。

子育てだけでなく、介護のため仕事を制限したり、ついには離職に至ったりするケースもある。

「細く長く」型と「出入り」型

ワークライフ・バランスを考えた時、新聞社の場合、夜討ち朝駆けのほかに、もう一つ大きな課題がある。午前1時前後という新聞朝刊の締め切り時間帯にあわせて仕事をするため、担当記者は早めに取材を終えて原稿を書き上げることができたとしても、それをまとめる現場のキャップや、本支社・地方支局のデスク（副部長）は、夜6時ごろから深夜にかけての仕事になる。この時間帯を動かすことは新聞そのものを見直さない限りできない。キャップやデスクは30～40代で、新聞社ではこのポストを経験しないと、部長以上の昇進は難しい。

30～40代は子育て中の記者が多い。男性記者の場合は妻に子育てを任せて仕事に打ち込むことができ、キャップやデスクに昇進できる人が大半だが、女性記者の場合は、子育てか昇進のどちらかを諦めるような選択を迫られることが多い。

ある女性記者は私にこう言った。「希望の部署で細く長く続けられるようにするか、希望の部署への出入りをしやすくするか、どちらかが実現すればいいのに」。

「細く長く」というのは、子育て中の一時期は短時間勤務などで仕事をセーブしながら希望の部署でキャリアを積み上げていくことで、「出入りをしやすく」というのは、子育て中の一時期は他の部署に異動しても再び希望の部署に復帰できるようにすることだ。その女性記者は、どちらかというと後者が望ましいと考えているようだった。「細く長く」は、周囲で制限なしに働く記者たちへの申し訳なさがあって、気が引けるようだ。

「細く長く」型を実現するには、職場の仲間のサポートが必要で、それには前述したように、きめ細やかな制度設計が必要だ。

一方、「出入り」型も、子育てが一段落して元の職場に戻ったのはいいが仕事がうまくいかないということにならないよう、本人にそれなりの実力や努力が求められるし、周囲もそれを見守りながら育てていく覚悟が必要になるだろう。

正直うらやましいけれど

私自身が政治部長時代にそうだったように、昨今の管理職は、積極的な女性登用を求められることが多い。しかし、女性が育児休業を取ったり、育児短時間勤務制度を利用したりすれば、それは当然の権利なのだが、多数のケースが出た場合に職場が回るのかと、思い悩んでしまう。

子育て中の女性を登用する「壁」を乗り越えるには、ただ登用すればいいのではなく、その人に合った方法を一緒に見つけてあげるべきだし、何よりも管理職としては具体的な制度づくりという形で環境整備をする責任がある。それは管理職にしかできないことで、精神論でごまかしてはならないことだと思う。

私が若手の記者時代、1980年代後半～1990年代中頃の女性記者は、結婚を機に退職する人が多かった。結婚そのものが障害になったわけではないが、その後の出産や育児を考えた時、子育てをしながら働き続けるイメージが持てなかったことが大きかったと思う。長時間労働で疲れ果て、結婚退社した女性記者も少なくなかった。

しかし1992年に育児休業法が施行され、1995年にはすべての事業所に適用されるようになり、働き続けながら子育てをすることが普通になった。厚生労働省の雇用均等基本調査によると、女性の育児休業取得率は1999年度には56・4％だったのが、

2020年度には81・6％にまでなっている。ちなみに男性の育児休業取得率は、1999年度が0・42％で、2020年度になっても12・65％にとどまっている。

私たちの世代の女性記者を見ると、周りには独身が多い。いや記者だけでなく、他の業界でも、少なくとも自分の知り合いを見る限り、独身で働き続けている人と、結婚や子育てをきっかけに会社を辞めた人、専業主婦にくっきりと色分けされる。同世代で子どもを育てながら会社という組織に属して、第一線で働き続けている人は少数派だ。

それに比べると最近の若い記者は、結婚して子どもがいる人は珍しくない。正直うらやましいと思うが、自分の人生を嘆いてみても仕方がない。同時に、こういう時代になってよかった、と心から思っている。そして、まだまだ足りないとも思う。育児休業は取れるようになったが、育児休業から復帰した後、働く女性が無理なくキャリアを積んでいけるよう、私も自分のできる形で世の中に貢献したいと思っている。

第四章　女性議員の壁

まさかの減少

この章では政治分野における女性の進出の問題、いわゆる「女性議員の壁」について見ていきたい。国会議員に占める女性の割合は、衆議院では9・7％、参議院でも23・0％（ともに２０２１年11月現在）に過ぎない。衆議院の9・7％という割合は、国際比較をすると、世界で１６４位だ。日本は、女性議員の進出だけを取ればまぎれもなく「後進国」である。

２０２１年10月に4年ぶりに衆院選があったが、その結果、女性の衆院議員の数は前回選挙より2人減り、割合も1割を切ってしまったのだった。まさかこの時代に、女性議員割合が減るなんて。この衝撃の事実は当時、報道はされたものの、日本社会の危機感はそれほどでもないように見える。女性の政治参画「後進国」に、慣れっこになってしまったのだろうか。２０２２年夏には参院選があるが、果たしてどこまで女性の参院議員を増やすことができるのだろうか。

「女性議員の壁」について考えるのに、政治が大きく動いた２０２１年を振り返りながら話を進めよう。

この年を後に歴史的に振り返った時、私たちは何を真っ先に思い出すだろうか。私自身は、夏に新型コロナウイルス感染の「第5波」で、医療体制が逼迫し、「自宅療養」という名のもとに、多くの人々が入院もできずに放置され、亡くなったことを忘れることができない。

東京オリンピック・パラリンピックは、そんな新型コロナ感染「第5波」に直撃される中で開催され、東京五輪とコロナ下の社会はまるで「パラレルワールド」（並行世界、別世界）と言われた。

ちなみに大会は3つの基本コンセプトを掲げ、そのうちの重要な柱は「多様性と調和」だった。「人種、肌の色、性別、性的指向、言語、宗教、政治、障がいの有無など、あらゆる面での違いを肯定し、自然に受け入れ、互いに認め合う」とうたっている。まさに、性別や宗教などをめぐって、日本社会は共生社会とはほど遠い現実を、大会を通じて痛感することになるのだが、その問題はここでは置いておく。

そして秋になり政治の季節がやってきた。

私はこれから語る一連の政治の動きを毎日新聞の編集編成局総務という立場で取材した。

編集編成局というのは、つまりは編集局のことで、新聞社の心臓部にあたる。その責任者は編集局長で、私のポストの局総務というのは、局長のもとで他の編集局次長たちとともに、日々の紙面づくりの責任を負う仕事だ。局総務も局次長も、政治部、社会部、経済部など各部の部長経験者たちが就くことが多い。紙面への目配りのほか、それぞれが担当分野を持って各部の指導にあたり、自分でも取材する。私は政治部長経験者ということで、政治・選挙の担当だった。

自民党総裁選に2人の女性候補

２０２1年秋の政治で何が起きたのかを、最初に簡単に見ておこう。

「コロナ失政」批判を受けた菅義偉首相は、自民党総裁選での勝機をなかなか見出せずにいた。局面打開のために検討した衆院解散も封じられ、現職首相としては異例の総裁選不出馬、要するに首相退陣を余儀なくされた。菅首相の事実上の退陣表明は9月3日。まだパラリンピックは開催中で、自転車の女子個人ロードレースの運動機能障害のクラスで、50歳の杉浦佳子選手が大会2つめの金メダルを獲得するなど、競技が続いていた。

自民党総裁選には、男女2人ずつが名乗りを上げた。女性候補は２００8年に小池百合子・東京都知事が立候補して以来13年ぶりで、複数の女性候補が立つのは、総裁選史上初めてとあって、大きな話題を集めた。当時、自民党幹事長代行を務めていた野田聖子氏と、前総務相だった高市早苗氏である。前政調会長の岸田文雄氏、規制改革担当相だった河野太郎氏とあわせて計4人の候補者が立ち、派閥政治が息を吹き返したかのような激しい選挙戦になった。第1回投票で過半数を得た候補がいなかったため、岸田氏と河野氏による決選投票が行われ、岸田氏が新総裁に選ばれ、首相に就任した。

第1回投票では、河野氏が党員票で最多得票をしながら、国会議員票では高市氏にも及ばない3位に沈んだ。国民人気が高い一方で「永田町の異端児」と言われる河野氏の惨敗と、安倍晋三元首相の全面支援を受けた高市氏の健闘が目立った総裁選となった。

岸田氏は10月4日に首相に就任すると、14日に衆院を解散し、19日に衆院選が公示され、31日に投開票された。首相就任からわずか27日後に衆院選の投開票が行われたわけで、現行憲法下での最短記録となった。自民党は公示前から15議席を減らしながらも絶対安定多数の261議席を獲得して踏みとどまり、11月10日に第2次岸田内閣が発足した。

「私が出たろやないか」

自民党総裁選は2021年8月26日に、総裁選挙管理委員会が「9月17日告示、9月29日投開票」という日程を決めるとともに号砲が鳴った。その日のうちに岸田氏が記者会見をして総裁選への出馬を表明した。私はこの日から、TBSの昼の情報番組『ひるおび！』にたびたび出演し、政治についてコメントをさせていただく機会を得た。

9月2日放送の回では「岸田文雄議員・高市早苗議員が生出演　総裁選〝キーパーソン〟に聞く」というタイトルで、岸田氏と高市氏が番組に別々に出演し、他の出演者と語り合い、私も参加した。

高市氏の出演パートについて、女性の問題について考えるヒントが詰まっていると思うので、紹介する。

高市氏は、8月10日発売の『文藝春秋』2021年9月号に「総裁選に出馬します！」という文章を寄稿しており、正式な出馬会見こそ9月8日になったが、この時点ではすでに出馬の意志を明確にしていた。ご本人がいろんな場で説明しているように、安倍晋三元首相らと勉強会を重ねてきて、安倍氏に総裁選に出馬するよう要請したが、7月下旬に断られたので「そんなら私が出たろやないか」という気持ちになり、出馬したとのことだった。こうした経緯もあってか、政策は安倍政権を継承し、選挙運動も安倍元首相の支援を全面的に受けながらの総裁選となった。

高市氏の出演は30分余り。まず、2012年に「女性初の自民党政調会長」、2014年から「女性初の総務相」を務めたことや、元ヘビメタ少女でバイク乗りという意外な一面、新型コロナ対策や外交・安保政策などを取り上げた。最後に「進まぬ〝ジェンダー平等〟高市早苗前総務相に聞く」というコーナーで、日本で女性の社会進出が遅れている問題が議論になった。

ちなみに、スイスのシンクタンク「世界経済フォーラム」（ＷＥＦ）による２０２１年「ジェンダーギャップ指数」で、日本は１５６ヵ国中１２０位で、主要７ヵ国（Ｇ７）では圧倒的な最下位だ。４分野（経済、政治、教育、健康）のうち特に深刻なのが政治分野で、政治分野だけでは１４７位となる。

高市早苗のスタンス

司会者から「厳然として『ガラスの天井』はあると思うが、政界に長くいてどう感じるか」との質問が飛び、高市氏は次のように語った。


国会議員は憲法上、全国民の代表ですから、性別や年齢に関係なく、すべての国民の切実な声を実現するというのは、自分の性が女性だからというのに、こだわるべきでないと思っている。ただチャンスの平等は、しっかりと保障されるべきで、男性であれ女性であれ、同じ条件で今の公職選挙法では立候補できる。

ただやっぱり最初の選挙のころ、すごくつらかったのは、「女が国会に行って何できんねん」という声と、「小娘が国会に行って何できんねん」と。若いことと女性であることがものすごくネックになっていた。32歳初当選ですから、決して小娘ではなかったんですけれども、ただそういう時代だった。

でも先輩方も随分努力していただいたおかげで、最近は公募をする。そこで急に病気になられたとか、引退する時に各都道府県連で公募をする時に「女性おれへんのか」「若い人おれへんのか」、こういう声が出てくるようになったんですね。

だから、がらっと時代は変わってまいりましたので、これから本当に多様な方が出てこれる状況、環境が整いつつあると思う。

ただ、いま閣僚や党の幹部に女性が少ないと言われるのは、私たちの時代は、最初に出たころがそうでしたから、母数としての女性議員の数が少なくて、今は企業もそうだと思うが、管理職のレベルにたどりつく年代の女性が少ない。この問題はあると思う。

だが、これから各政党は相当努力をすると思いますよ。これに期待したいと思う。

以上のように述べた。発言の流れは、女性であることにこだわるべきでないがチャンスの平等は保障されるべき→自分も小娘と言われてつらかった→最近は公募で女性候補も求められ時代は変わった→閣僚や党幹部に女性が少ないのは実数としての女性議員が少ない問題がある→これから各政党が努力するので期待したい、となる。

つまり、先輩たちも自分も頑張ってきたし、状況が変わってきたから、これからよくなるでしょう、ということを言っている。「オッサン社会」に基本的に同調しながら、その中で努力して、保守派の女性議員として一目置かれる存在になった、そんな高市氏のスタンスがよく表れていると感じた。

女性の社会進出の壁を感じているが、現状を変えるために抜本的な法整備をするといった発想とは異なる。男性優位社会を守りたいと考えている自民党保守派の男性議員たちにも十分に受け入れられる考え方だ。

「女vs.女」に「怖かった」の声

高市氏の発言に続いて、私にも「ジェンダーギャップやガラスの天井を感じたのではないか」という質問が投げかけられた。

私は一瞬迷った。高市氏が総裁選に出馬すること自体はいいことだと思うし、女性活躍が一歩進むきっかけになればいいと思う。反面、前述したように高市氏は女性の社会進出の壁について、法整備など抜本的な解決策をとることには慎重な立場だ。選択的夫婦別姓の導入については、強い反対論者であることがよく知られている。あくまでも「旧姓の通称使用の拡大」で対応すべきだという考え方だ。

　こうした問題を素通りして、ジェンダーギャップ解消や、ガラスの天井を破るという話をするだけでは、女性の社会進出の問題について、十分な論点を提示できないように思った。

　しかし、この時の話の流れから、選択的夫婦別姓の問題に踏み込むと、質問の趣旨とややずれてしまう。何よりも冷静な議論をしたくて発言しても、「女vs.女」の戦いのように言われてしまうことが目に見えていた。少し迷ったがここで言わなければ不誠実だし、後悔すると思った。引用ばかりになってしまって恐縮だが、もう少しだけお付き合いいただきたい。私は次のように発言した。


　高市さんが今回総裁選に出られるのは本当によかったなと思っています。一方で、じゃあ高市さんが女性の活躍を推進するような、応援するような政策をとってくれるかというと、私はちょっとそこは疑問に思っていて、有名なのはやっぱり選択的夫婦別姓について、高市さんは本当に反対の急先鋒として知られていますよね。

　今年、政府が男女共同参画計画にそれを盛り込もうとしたら、自民党の保守派の横やりでなくなったとかいろんなことがありまして、いろんな意見がある。高市さんの意見もあるし、そうじゃない人の意見、選択的夫婦別姓を推進すべきだという意見もあるので、幅広い意見を聞いて、女性のためになる政策をとっていただきたいなと思っています。

高市さんは「ありがとうございます」とひとこと言った後、何か付け加えようとして踏みとどまったように見えた。推測だが、選択的夫婦別姓の問題をきちんと議論するには時間が足りないと思ったのかもしれない。

私のほうも、本当なら自分は選択的夫婦別姓に賛成だと立場を明確にしたうえで、推進すべきだという論陣を張れればよかったが、いろんな意見の人々が見る情報番組という性格や、選択的夫婦別姓が主要テーマでなかったことなどを考慮して、論点を提示するのが精一杯だった。

たったこれだけのやり取りだったのだが、反響はけっこうあった。私は普段は、インターネットで自分に関することは読まないが、この時ばかりはSNSをチェックしてみた。

笑ってしまったのは、やはり「女vs.女」の戦いという捉え方で、見ていて「怖かった」という感想だ。「ガン見」など、それぞれの表情の解説をしているものもあった。

高市さんが女性だから私が話しづらそうに見えたという意見もあった。これは当たっているかもしれない。女性の主張を批判することは「女を叩いてどうするのか」と、それだけで批判を浴びかねず、難しい。

そして、高市氏の主張に共感する人は、「高市氏は『結果の平等』ではなく『機会の平等』を訴えている」と評価し、疑問を持つ人は「どういう論理で夫婦別姓に反対しているのか」などとつぶやいていた。

参考になるストレートな感想や分析もあったが、中には総裁選運動の一環として意図的な発信をしているケースもあるので、あまり気にしても仕方がない。そのうえで、私がこの時の経験を通じて感じたのは、政策的な問題以上に、意見や立場が異なる女性同士がもっと普通に議論でき、それを周囲も受け入れることができればいいのに、ということだった。

進まない選択的夫婦別姓の議論

選択的夫婦別姓について、ご存じの方も多いと思うが、ここで少し説明しておきたい。法律を改正して、夫婦が同じ名字でも、結婚前の別々の名字でも、自由に選べるようにする制度のことだ。

現在、民法と戸籍法では、夫婦は婚姻時にいずれかが姓を改めなければならないという夫婦同姓制度が採用されている。夫婦のどちらが改姓してもいいのだが、実際には圧倒的に女性が改姓することが多い。これが男女の差別につながり、憲法が定める「法の下の平等」（14条）や「婚姻の自由」（24条）に違反するのではないか、という議論が続いてきた。

選択的夫婦別姓の記事を書くと、読者から「自分は専業主婦で入籍して夫の姓になったが、なぜ同姓ではいけないのか」というお手紙をいただくことがある。大事なのは、あくまでも「選択的」であるということだ。同姓にしたい人は、もちろん同姓にすればいい。だが、夫の姓になることで社会的に「生きづらさ」を感じるような人にまで、同姓を強制するのは問題があるのではないか、別姓を選べるようにするべきではないのか、という議論だ。

法相の諮問機関の法制審議会は、すでに1996年に選択的夫婦別姓の導入を求めている。それから四半世紀がたつが、棚ざらし状態にある。2021年6月の最高裁判決は、2015年の最高裁判決を踏襲して、夫婦同姓を定める民法と戸籍法について合憲との判断をくだす一方で、夫婦の氏の制度のあり方について、国会で議論して判断するように求めた。野党のほか与党の公明党も導入に賛成しているが、自民党内に「伝統的な家族の形が崩壊する」などと反対論が根強いため、国会での議論が進まない。

2021年度から5年間の政府の第5次男女共同参画基本計画では、第4次計画まで盛り込まれていた「選択的夫婦別姓」の文言が自民党保守派の反対で消えてしまった。政府は、第5次計画策定にあたって、選択的夫婦別姓の文言を削除したうえで、具体的な制度について「政府においても必要な対応を進める」という案を自民党に示したが、党内の議論の末に「夫婦の氏に関する具体的な制度のあり方に関し、(中略)さらなる検討を進める」という形に表現は大幅に後退・修正させられた。

野田聖子の掲げた目標

先の番組のやり取りでは、選択的夫婦別姓に深く立ち入ることはなかったが、総裁選ではこの問題を含め「ジェンダー・多様性」について、議論が行われた。総裁選告示の前日になって、野田聖子氏が立候補した効果が大きかった。

野田氏は、障害のある子どもがいて、女性、子育て、障害者などの問題に取り組んできたことで知られる政治家だ。選択的夫婦別姓の導入に賛成で、積極的に推進している。

「政治分野における男女共同参画の推進に関する法律」(通称・候補者男女均等法)は、政党が国政選挙や地方選挙で候補者の数をできる限り男女均等にするよう努力義務を定めた法律で、2018年に施行されたが、その制定にも尽力した。

野田氏は、総裁選立候補の理由について「人口減少や高齢化の中で、次の日本をつくるためにこれまで主役になれなかった女性、子ども、高齢者、障害者がしっかりとこの社会の中で生きていける、生きる価値があるんだという保守の政治を自民党の中でつくり上げていきたい」と語った。

そして「日本初の女性の総理になったら、社会のパラダイムシフトを一気に加速させる。まず政治から変えていくということで、野田内閣の女性閣僚は全体の半分になるように目指していく。実はもうすでに意中の人たちのリストは私の心の中にある」と述べて、多くの人たちを驚かせた。

政府は「2020年代の可能な限り早期に（指導的地位に占める女性の割合が）30％程度となるよう目指して取組を進める」という目標を掲げている。これでさえ、かつての「社会のあらゆる分野において、2020年までに、指導的地位に占める女性の割合が、少なくとも30％程度になるよう期待する」という「202030目標」をさらに先送りしたものなのだが、野田氏の主張は政府目標を軽々と飛び越えて見せた。

「30％」目標は、「黄金の3割」や「クリティカル・マス」の考え方がベースになっているが、野田氏の「閣僚の半分を女性に」との主張は、男女同数を目指す「パリテ」という考え方がもとになっているのだろう。パリテは、同質・同量を意味する仏語で、フランスでは2000年に「パリテ法」が制定され、国政と地方のほぼすべての選挙で、政党の候補者を男女同数にすることが義務づけられた。

「鉄の女」か「母」か

野田氏と高市氏は、ともに1993年衆院選で初当選した同期で、年齢も高市氏が早生まれで数ヵ月だけ若いが学年は同じだ。けれども、政治姿勢や政策は対照的に見える。

野田氏は「多様性という視点を武器に総裁選をしっかり戦う」と宣言したように、女性の視点を前面に打ち出し、立ち位置はリベラルだ。

高市氏は、自民党の中でもかなり保守派の政治家だ。総裁選では、防衛費の大幅増額を主張し、経済政策では「アベノミクス」を継承した「サナエノミクス」を掲げ、積極的な財政出動をさらに進めると打ち出した。目標とする政治家は、英国初の女性首相であり「鉄の女」と呼ばれたマーガレット・サッチャー氏である。女性であることを武器にせず、防衛問題にも比較的詳しい、強い女性政治家が高市氏のイメージだ。

しかし、一方で両氏が似ていると思うこともある。有力な男性政治家に引き立てられて、ここまでたどり着いたという点だ。最近では野田氏は、古賀誠元幹事長や二階俊博元幹事長、高市氏は安倍晋三元首相らの支援を受けてきた。特に2021年総裁選への両氏の立候補は、野田氏にとっては二階氏、高市氏にとっては安倍氏の支援なしには、実現しなかっただろう。

もちろん男性の政治家の場合でもそういうことはある。両氏とも無派閥ということも影響しているだろう。ただ、両氏には、同世代の女性政治家として共通の苦労があるように見える。まだ「政治は男のもの」という意識が根強く、女性の政治家が一人前に扱われない時代にあって、自民党内で女性政治家が階段を上っていくには、これまでは有力な男性政治家の支援を受けるやり方しかなかったのかもしれない。

野田氏は、4日間にわたって行われた総裁選の自民党タウンミーティングの最終日に「初当選から29年目です。4度目の挑戦で初めて総裁選挙の舞台に立たせていただきました。女性が、そして派閥を持たない人間が総裁選に出ることの難しさを痛感しています」と感慨深げに語った。

1993年に衆院議員に初当選した際、野田氏は竹下登元首相から呼ばれて、一冊の本を手渡されたことがあるそうだ。総務省が毎年刊行する「日本の統計」の最新版。竹下氏はこう言った。「永田町は男社会だよ。女はロジックがなくて感情的だと思われている。男の弱みは客観性（の少なさ）だ。男に言うことを聞かせるために数字を覚え、得意分野をつくりなさい」。毎日新聞の2019年3月19日付け朝刊の「蔵書拝見」という欄で紹介した話だ。「愛読書というより、政治家として生き延びてきた中での『柱』だ」と野田氏は取材に答えている。

複数の女性候補が出馬してよかったと思う反面、対照的なようで、どこか似ている2人しか出られなかったことには、違和感を覚えたのも正直なところだ。

女性であることを前面に押し出し、女性や子ども政策に詳しい母親の野田氏と、男性優位社会に同調しつつ出世を重ねてきた強い女のイメージが売りの高市氏。この2人以外にも、政策全般をよく勉強し、立ち位置が極端な保守やリベラルに偏らない女性の政治家が、もう1人出てほしかったと思う。

もやもやした気持ちを抱いていたところ、作家の北原みのり氏がそのことを見事に解説していた。2021年10月22日朝日新聞のオピニオン面で、「『鉄の女』か『母』かの苦しさ」との見出しで、「女性はどちらかにならないといけないのかと苦しくなる」「でも、女性の数が増えることで変わっていく」「数が少ないから、まず『女性であること』があり、そして、その『女性らしさ』を本人の態度や政策などでジャッジし、女性同士を分断してしまう」と述べている。

トーンダウンした岸田文雄

選択的夫婦別姓の話に戻ろう。自民党総裁選は、退陣を表明した菅義偉首相の次の首相を事実上、決める選挙とあって、「メディア・ジャック」と評されるほど、連日大きく報道された。選択的夫婦別姓問題も大きなテーマになったが、時間的な制約や紙面上の制約もあり、他の政策との比較でこの問題を丁寧に扱ったものは、残念ながらそんなに多くはない。その中で、総裁選告示日の2021年9月17日、日本テレビの報道番組『ｎｅｗｓ ｚｅｒｏ』は、選択的夫婦別姓を比較的時間を割いて扱っていたので、それを見てみよう。

この番組では、4人の候補者に「賛成」と「反対」の札を持たせて、政策ごとに賛否をまず尋ね、その後に詳しい説明を聞いていった。選択的夫婦別姓について、「賛成」と答えたのは、野田氏と河野太郎氏、「反対」と答えたのは高市氏で、岸田氏は「賛成」「反対」のどちらとも答えなかった。

高市氏は「反対」の説明の中で、総務相時代に住民基本台帳を見直して旧姓も併記できるようにするなど旧姓の「通称使用の拡大」のために全力を尽くし、その結果、住民票や運転免許証、パスポートなどで併記が認められるようになってきたという実績を強調し、これを広げていきたいとの考えを示した。

野田氏は「賛成」で、四半世紀前の法務省の法制審議会で選択的夫婦別姓が求められたことに触れ、「希望すれば同姓も名乗れる、別姓も名乗れる、そういう権利を国民に差し出そうということに何ら問題はない」と述べた。

同じく「賛成」の河野氏は、「社会的な要請があるが、議論がまとまらないものは、国会議員は決めるために選ばれているから、党議拘束を外して国会で議論し、本会議で採決すればいい」と提案した。

わかりにくかったのが岸田氏だった。「多様な生き方を尊重する、あるいは困っている方がおられるわけだから議論をすることは大事だ。ただ、夫婦の間はいいが、子どもの姓を一緒にするのかバラバラにするのか、いつ決めるのか、誰が決めるのか、十分理解できていない」と語った。

岸田氏は、2021年3月に自民党の有志議員が設立した「選択的夫婦別氏制度を早期に実現する議員連盟」の呼びかけ人の一人だ。だが、安倍晋三元首相ら自民党保守派に配慮する必要からか、総裁選では前述のような主張を繰り返し、明らかにトーンダウンした。

オッサンのリトマス試験紙

なぜ選択的夫婦別姓の問題に私がこだわるのか。それは、女性の「生きづらさ」を解決するために、これが「一丁目一番地」のように感じるからだ。

選択的夫婦別姓の問題は、主に女性が結婚とともに夫の姓への改姓を事実上、強制されることによって、社会的に不利益を被る問題として語られることが多い。もちろんその問題は大きい。しかし、それだけではない。氏はその人の人格を構成する重要なアイデンティティの一部だ。改姓に抵抗のない人もいるが、改姓によって、それまでの自分の人生が否定されたように感じる人もいる。この感覚は私には経験はないが、よくわかる気がする。もちろん男性が改姓してもいいわけだが、実際には女性が改姓するケースが96％と圧倒的だ。女性だけが、結婚とともに、改姓を強いられ、自己喪失感を持つという問題を、放置していいはずがない。なぜ女性だけが、生まれながらの姓で生きることが許されないのか、説明がつかない。

私の学生時代からの友人で医師の女性は、結婚後しばらくは事実婚だったが、結婚から10年たったころ事情があって入籍した。医師免許も改姓し、旧姓を通称として使って仕事をしている。後になって医師免許証は旧姓使用ができることを知ったが、当時、不勉強でそのことを知らない県庁の役人に言われるままに改姓手続きをしてしまったという。

「結婚に伴う改姓について女性のコメントが、ある日、新聞に掲載されていた。銀行や運転免許証、一つ一つ改姓の手続きをするたびに自分が消えていく感じがする、と書かれていた。『ああ、まさにその感覚』と思った。何とも言えない喪失感。旧姓時代に築いてきたキャリアやそれに至るまでの受験勉強も含めた努力が消えちゃうんだよ。この名前で頑張ってきた自分を、自分で抹消しなくちゃいけないなんて悲しいよね」と友人は言う。

世論調査で、選択的夫婦別姓について尋ねると、容認がだんだんと増えている。2017年の内閣府の世論調査では、選択的夫婦別姓を導入してもよいと考える人の割合が42・5％と過去最高になり、導入する必要はないと答えた人の29・3％を大幅に上回った。他に「夫婦は同姓を名乗るべきだが結婚前の姓を通称として使用できるよう法改正してもよい」と答えた人が24・4％いた。調査によっては、導入容認が6〜7割近いものもある。

選択的夫婦別姓の導入に反対する人たちは、「家族の絆」や「日本の伝統」が崩れると主張する。しかし、法務省は「結婚後に夫婦のいずれかの氏を選択しなければならない制度を採用している国は日本だけ」と認めている。では、夫婦別姓を認めている諸外国で、そのことが理由で「家族の絆」が壊れているのだろうか。「日本の伝統」にしても、夫婦が同じ氏を名乗ることが定着したのは、たかだか明治時代以降のことだ。明治31年（1898年）に施行された戦前の民法で、家制度のもと、戸主と家族は家の氏を名乗るとされ、その結果、夫婦が同じ氏を称する制度が採用された。戦後の民法改正で家制度は廃止されたが、夫婦同氏制度が残ってしまったのだ。

政府の審議会が導入を求め、国民側の意識も進んで選択的夫婦別姓への賛成の声が増えているのに、国会がそれに追いついていないのではないか。

それでもなお、「家族の絆」や「日本の伝統」を理由に「選択的に」夫婦別姓を認めることにさえ反対するのは、年長の男性が家庭で権力を持つ「家父長制」や性別役割分担の意識に縛られた「オッサンの壁」の象徴のように思える。

立法府で重い責任を負う国会議員たちが、この問題に賛成するか反対するかは、私にとって「オッサン」（オッサン予備軍を含む）かどうかを判断するリトマス試験紙のような役割を果たしている。だから、こだわらざるを得ない。男性の既得権、もっとやわらかく言えば、男性が生まれながらにはいている「下駄」に気づかず、男性優位社会を当たり前のこととして守ろうとする「オッサンの壁」が、多くの人たちの幸せを奪っているのではないだろうか。選択的夫婦別姓問題はそのわかりやすい例のように思う。

「女性初の総理」の可能性

「女性初の総理」をどう考えるか。このことについても、野田氏と高市氏の考えは対照的だ。

野田氏は、総裁選の政策パンフレットの中で「日本初の女性の内閣総理大臣」を目指すと宣言し、その理由として「実現したい政策があるということもあるが、何よりもパラダイムシフトを加速させていくことができるから」と説明している。

「国のリーダーが女性になれば、『男性にしかできない』という社会の先入観が変わり、役所、企業、学校に波紋のように広がって『常識』になっていく。つまり、『女性内閣総理大臣』というアイコンによって社会の意識を一気に変えるパラダイムシフトを仕掛けることができる」と述べている。

一方、高市氏は、2021年9月11日の読売テレビの番組『ウェークアップ』で、「女性初の総理大臣を意識しているか」と聞かれ、次のように答えている。「憲法43条にもとづいて国会議員は全国民の代表なので、年齢とか性別とか、こういったことに関係なく全国民の皆様の代表のために働きたい。ただ、小学生の女の子が将来は総理大臣になりたいな、なんて言ってくださるとすごくうれしいなと思う」。

野田氏は、女性であることを武器に総理になることで世の中を変えたいと考え、高市氏は女性であることを意識せずに総理を目指すと言っている。

両氏とも女性議員が特殊だった時代に育ってきたからこそ、一方は女性を武器にし、もう一方は女性を意識しないと強調しているようにも見える。総理を目指すかどうかとは関係なく、女性議員一般にも言えることかもしれない。そして女性議員がさらに増えていけば、両氏とはまた違ったアプローチが出てくるだろう。女性議員という立場を自然に受け入れて生かすべきは生かし、そのうえで、幅広く政策を勉強し、国会での論理的な議論と国民に対するわかりやすい説明ができ、人や組織をうまく動かす能力のある女性の政治家が、もっとどんどん出てきてほしいし、その芽は育っていると感じている。

総裁選で「女性初の総理」をどう考えるか、私にも質問が投げかけられる機会があった。2021年9月15日に日本外国特派員協会に招かれ、自民党総裁選について他の識者2人と一緒に記者会見をした時のことだ。

野田氏と高市氏という2人の女性候補の出馬について、「日本が女性リーダーを受け入れることに近づいてきた一つのステップか」「実際、女性の総理は可能なのか」と外国プレスから聞かれた。

私は「女性2人が立つのは、総裁選史上初めてで、これだけで大きな意味がある。ただ、それがすぐに女性首相につながるかというと、まだ非常に遠い道のりだと思っている。衆議院の女性議員の割合は、(当時)9・9%で非常に低く、1割にもいっていない。まずそこを増やしていく地道な努力を(しないといけない)。クオータ制の議論とかいろいろあるが、自民党が反対しているので進まない。そういうことをしていかないと、一気に女性首相とはいかないのかなと見ている」と答えた。

自分なりの分析を正直に語ったものだったが、総裁選が終わった後に改めて聞き返してみると、自分の発言にもかかわらず、しっくりこない感じを受けた。なぜだろう。

当時、高市氏は出馬表明したものの泡沫候補扱いで、野田氏は出馬意欲はあっても、20人の推薦人を集めて実際に立候補できるかどうか微妙だった。「女性初の総理」の可能性と言葉では言っても、自分も政界全体も本気で考えていなかった。

しかし、総裁選に実際に2人の女性候補が出馬し、議論を戦わせた結果、この2人なのか他の誰かなのかは置いておいて、「女性総理」の可能性を現実のものとして意識するようになったからではないか。少なくとも私はそうだ。だから、「まだ非常に遠い道のり」という自身の発言に、しっくりこない感じを持ったのだと思う。

稲田朋美の変節

総裁選とは直接関係ないが、もう一人、自民党の女性議員を取り上げて考えてみたい。稲田朋美氏のことだ。最近はあまり言われなくなったが、数年前まで「女性初の総理」候補としてもてはやされた人だからだ。「女性初の総理」候補の宿命なのか、稲田氏も野田氏や高市氏のように、毀誉褒貶《きよほうへん》の激しい政治家だ。

稲田氏は、日中戦争時の「百人斬り」報道訴訟（原告敗訴）の原告側代理人として活動し、それがきっかけとなって安倍晋三元首相に誘われて政界入りした。保守的な政治信条が安倍氏と近く、第2次以降の安倍政権で重用され、行政改革担当相、自民党政調会長、防衛相、自民党幹事長代行などを歴任した。しかし防衛相時代（2016〜2017年）、東京都議選の候補者の応援演説での失言や、南スーダンの国連平和維持活動（PKO）に派遣された陸上自衛隊の日報が隠蔽されていた問題で批判を浴び、わずか1年間で引責辞任した。

防衛相時代の稲田氏は、とにかく叩かれた。私も当時、外交・安全保障担当の論説委員をしていたので、防衛官僚や自衛官から直接話を聞く機会もあったが、多かったのは、稲田氏のガーリーな（少女っぽい）服装に関する話題だった。稲田防衛相が護衛艦や潜水艦を視察した時には「稲田大臣があろうことかハイヒールで護衛艦に乗った。甲板に穴があくかと思った」との批判が流された。ハイヒールと言っているが、ほとんどピンヒールのイメージで語られていた。現場に居合わせたという防衛官僚は「実際はハイヒールではなく、ローヒールの靴をはいていた。それに仮にハイヒールだったとしても、穴があくわけないでしょ」と笑っていた。

女性初の防衛相は小池百合子氏だが、2007年にわずか2ヵ月弱務めただけだったので、稲田氏はそれ以来の本格的な女性の防衛相になるかと思われた。何かと話題を呼んだのは、稲田氏側の問題もあるが、防衛省・自衛隊側も身構えていた面があった。反発もあ

った と思う。

防衛相時代の「挫折」があり、その後の稲田氏は明らかに変わった。「ジェンダー・多様性」政策に積極的に取り組むようになり、それまで反対していた選択的夫婦別姓の問題にも理解を示すようになった。この問題では、結婚後も旧姓を使いたい場合は、届け出により戸籍に記載して使い続けられるようにする「婚前氏続称制度（旧姓届出制度）」を私案として発表した。

LGBT（同性愛者など性的少数者）に対する国民の理解を増進する「LGBT理解増進法案」では、与野党協議で与党側の取りまとめ役を務めた。法案は「差別禁止」ではなく、「理解増進」という不十分な内容だが、それでも法案が成立すれば一歩前進となるはずだった。与野党はいったんは法案内容に合意しながら、その後、自民党内で一部保守派の強硬な反対にあい、2021年の通常国会への提出が土壇場で見送られることになった。稲田氏は「次の国会では必ず成立させたい」と述べている。

こうした近年の稲田氏の政治活動は、一部保守派から見れば「変節した」「左翼になった」ということになり、激しい批判の対象になっている。安倍晋三元首相の秘蔵っ子として「女性初の総理」を狙うかとの見方もあった稲田氏だが、今や「安倍さんの後ろ盾はなくなった。稲田さんはこれからどうやっていくのだろう」という声が永田町ではよく聞かれる。多くの人たち、特に男性が、稲田氏の変化に戸惑っているように見える。

稲田氏は著書『強くて優しい国』の中で、「どうして日本は右も左も、決めつけが好きなんだろう。女性活躍に右も左もない。日本にとって、重要なことだから、正しいことだから前に進めるだけだ。私は、女性を取り巻く不平等や女性蔑視を取り上げることが左翼とみなされる日本の空気を変えるべきだと思っている。女性活躍は、女性のためだけでなく、日本全体の活力を増し、閉塞感を打破し、生産性を上げることにつながるからだ」と述べている。

最後の「女性活躍は、女性のためだけでなく、日本全体の活力を増し、閉塞感を打破し、生産性を上げることにつながるからだ」の部分は、私にはついていけない。女性活躍は国家のためにあるのではなく、あくまでも個人として保障されるべき当然の人権の問題と考えるからだ。しかし、稲田氏が語る前段部分には全く異論がない。

稲田氏が「挫折」を経て、政治家としての活路を見出そうと戦略的に動いている面もあるだろうが、ＬＧＢＴ問題に取り組むようになったのは、もともとは息子の友人が当事者だったことがきっかけだ。稲田氏の一見わかりにくい変化は、彼女の中では案外、整合性が取れているのかもしれない。安倍氏との関係を含めて、今後、稲田氏はどう政治家として進んでいくのか。安倍氏の庇護を受け続けるのか、そこから脱皮していくのだろうか。

ドイツのメルケル前首相が、かつてコール元首相に抜擢され「コールのお嬢さん」と言われながら、1999年にコール氏の闇献金疑惑が明るみに出ると、厳しく批判して袂《たもと》を分かち、2005年にはついにドイツ初の女性首相に上り詰めたのは、有名な話だ。これは男女を問わないが、政治家はある時期まで実力者に目をかけられて育ったとしても、どこかで独り立ちをしなければならない。傀儡では政治家になった意味がない。時には親分を裏切ることだってある。そうでなければ、とても首相まで到達できるものではない。野田氏、高市氏、稲田氏のような女性の政治家が、これから先、自分を支援し育ててくれた大物政治家との距離をどう測っていくかは、注目どころだと思っている。

少ない女性候補者

日本で女性に参政権が認められたのは、戦後になってからだ。1946年（昭和21年）4月10日、戦後初めての衆院選で、約1380万人の女性が初めて投票し、この時に女性初の国会議員が39人も誕生した。女性議員の割合は8・4％だった。それから75年以上たつのに女性の衆院議員は、2021年11月現在、わずかに45人（9・7％）にしか増えていない。この間、女性議員が飛躍的に増えた例として記憶に残るのは、1989年の参院選で、土井たか子委員長が率いた社会党が、女性議員を大量当選させる「マドンナ・ブーム（旋風）」を巻き起こしたことだ。翌年の1990年の衆院選でも、土井氏は多くの女性議員を当選させたが、勢いは長くは続かなかった。その後、「小泉チルドレン」「小沢ガールズ」などと女性議員を当選させた動きはあったが、一過性のものに終わっている。

野田氏、高市氏、稲田氏らを取り上げてきたが、自民党内には、他にも将来有望な女性の国会議員が育っている。また他に注目すべき女性政治家として、東京都の小池百合子知事を忘れることはできないし、2021年秋の衆院選で落選した立憲民主党の辻元清美氏ら、野党にも論客の女性政治家はいる。

女性の政治家が表舞台でどんどん活躍するようになり、「女性初の総理」の誕生も現実のこととして意識される時代になってきたように見える。そうは言っても、まず国会で女性議員の割合を増やさないことには、話にならないのもまた事実だ。女性候補2人が立候補して話題を集めた総裁選の後、すぐにやってきた衆院選は、格好のタイミングだったはずだ。しかし、この章の冒頭で述べた通り、女性議員が減るという結果に終わった。

女性議員を増やすには、まず女性の立候補者を増やす必要がある。

2021年の衆院選は、「政治分野における男女共同参画の推進に関する法律」（通称・候補者男女均等法）が2018年に施行されてから初めての衆院選だった。候補者男女均等法は、先述したように、政党が国政選挙や地方選挙で候補者の数をできる限り男女均等にするよう定めた法律だ。「男女均等」を掲げているため、日本版パリテ法とも言われる。ただし、あくまでも努力義務にとどまっていて、強制力も罰則もない。

衆院選の全立候補者1051人のうち女性候補は186人で、17・7％に過ぎなかった。女性候補者の割合が戦後最高だった2017年衆院選から23人減り、割合もわずかに0・01ポイント下がった。

ちなみに2019年の参院選でも、女性候補の割合は28・1％にとどまっている。いずれも候補者男女均等法が求める「男女均等」からはほど遠い数字だ。

政府は、第5次男女共同参画基本計画で、国政選挙の候補者に占める女性の割合を2025年までに35％にする目標を示したが、このままでは難しい。

特に自民党の取り組みが弱い。衆院選の女性候補者186人を政党別に見ると、自民党は33人（9・8％）、立憲民主党は44人（18・3％）などだった。

当選者比率になると、女性の割合はさらに下がる。全当選者465人のうち当選した女性候補は45人で、割合は9・7％。ちなみに小選挙区24人、比例代表21人だ。前回の2017年衆院選では女性の当選者は47人、割合は10・1％だったので、この時と比べると2人減って、割合も0・4ポイント下がったことになる。

2021年衆院選の女性当選者45人について、政党別の内訳を見ると、最も多かったの

衆院選の候補者と当選者に占める女性比率の推移

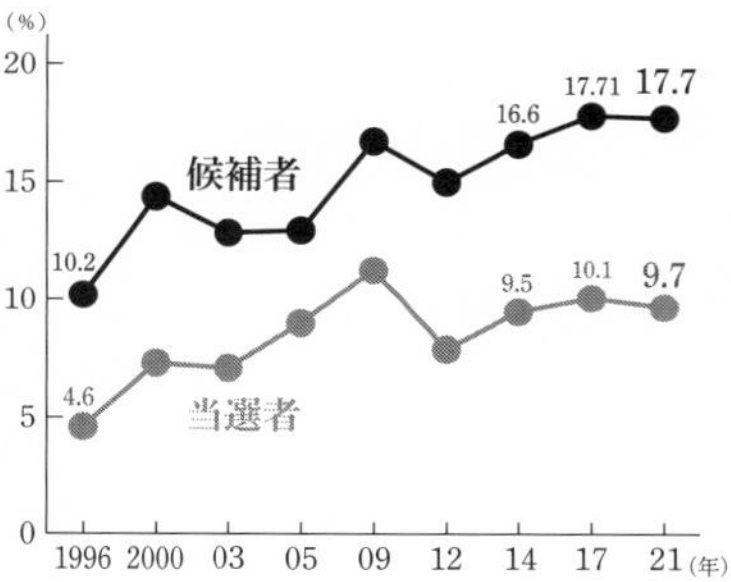

主要9政党の女性比率

2021年 衆院選　(　)内は人数

	候補者率 %	当選者率 %
自民	9.8（33人）	7.7（20人）
立民	18.3（44人）	13.5（13人）
公明	7.5（4人）	12.5（4人）
共産	35.4（46人）	20.0（2人）
維新	14.6（14人）	9.8（4人）
国民	29.6（8人）	9.1（1人）
れいわ	23.8（5人）	33.3（1人）
社民	60.0（9人）	0（0人）
N党	33.3（10人）	0（0人）

は自民党の20人だが、党内の当選者に占める割合は7・7％に過ぎない。立憲民主党は13人（13・5％）だった。

国会議員に占める女性の割合は、衆議院では9・7％、参議院でも23・0％（ともに2021年11月現在）で、参院はまだしも衆院における女性議員の割合は、世界との差があまりにも大きい。国際的な議員交流団体「列国議会同盟」（IPU）が発表した2021年11月現在の世界の下院（衆院）での女性議員の割合は26・0％だ。日本の9・7％は、世界193ヵ国中164位。G7諸国は、フランス31位（39・5％）、イタリア39位（35・7％）、ドイツ43位（34・9％）、英国45位（34・3％）、カナダ58位（30・5％）、米国73位（27・6％）で、日本はこの中で最低だった。

ちなみに日本の164位と同じような順位にある

国々は、162位ボツワナ、163位ナウル、165位エスワティニ（旧・スワジランド）などだ。

気づいていないふり？

なぜ女性の候補擁立が、日本版パリテ法ができても、こんなに進まないのだろうか。

理由や要因はたくさんあるが、それらを具体的に語る前に、私がまず思うのは、政界に今の日本社会への危機感が足りないことが最大の原因だということだ。

「多様性を尊重する」「女性の活躍を推進する」というが、日本社会とりわけ政治分野の遅れは、そんな生やさしい状況ではない。男女半々という人口構成を反映せず、いびつな構造のまま、それが当たり前のようにやってきた政界は、すっかり社会の問題点を吸収する力を失っている。公正な民主主義とは言えない。それが世界に後れを取る政策の要因にもなっている。オッサンはそれに気づいていないのか、気づいていても自分の時代は逃げ切れるだろうと、タカをくくっているのか、どちらかだろう。

日本が再び鎖国でもして生きていくなら可能かもしれないが、もちろんそんなわけにはいかない。このままでは日本の国力はさらに低下し、賃金は上がらず、人材の流出が止まらず、魅力のない国になっていきかねない。

政治という意思決定の場に、女性が少ないことは、どれだけ国民の不利益になっていることだろう。私たちは政治がいかに生活と直結しているかを、新型コロナウイルスのパンデミック（世界的流行）で痛感した。政治が機能しているか否かが、一人一人の命を救えるか否かを左右するのを見た。女性たちがコロナ禍で不利益を被る状況を目の当たりにした。

国会議員や企業の幹部など指導的地位の女性を増やしただけで問題が解決するわけではもちろんない。しかし、少なくともそれをやらなければ、問題解決には向かわないだろう。女性登用は、日本社会の問題解決にとって「必要十分条件」ではないが、「必要条件」だ。しかも、待ったなしというよりも、もう手遅れかと心配になるぐらいに絶望的に遅い。

女性議員を見限った男性秘書

そのうえで何が女性の候補擁立を阻んでいるのかを具体的に見ていこう。

女性議員が増えない理由については、三浦まり編著の『日本の女性議員　どうすれば増えるのか』で学問的に詳細な分析がなされている。それを一部参考にさせていただきながら、自分なりの取材実感を加えて、考えてみたい。

まず、無理矢理立候補させるわけにはいかないので、女性にその意思を持ってもらうことが出発点だ。しかし今のままの仕組みを続けているうちは、国会議員になろうという女性は根本的に増えないのではないかと思う。

まず、選挙活動や政治活動と家庭生活の両立が極めて難しいという問題がある。「両立の壁」である。

選挙も日頃の政治活動も、働けば働くだけ「成果」があがるというのが、日本政治の現状だ。新人・若手議員のうちは毎朝、駅頭などで辻立ちをしないといけない場合が多い。特に参院議員と違って、衆院議員は「常在戦場」と言われるようにいつ解散・総選挙があるかわからないため、常に精一杯の活動をしないと当選がおぼつかない。衆院でも比例代表の候補ならそうでもないが、小選挙区の候補ともなれば、選挙区内の小さな行事や会合に顔を出すなど、きめ細かい活動が求められ、いくら時間があっても足りないだろう。

運良く当選回数を重ねて中堅・ベテラン議員になっても、問題は解消されない。

数年前、子どものいる自民党中堅の女性議員の事務所で、男性秘書が突然、辞めて他の男性議員の事務所に移った。よくあることだが、うまくいっている事務所のように見えていたので、意外に思った。親しくしていた秘書だったので「なぜ？」と聞くと、「僕は国会議員秘書という仕事を、男子一生の仕事と思ってやっている。夕方6時になったら、子育てのために早々と帰宅してしまう議員のもとでは、もう働けない」と言った。事務所を辞めた本当の理由は別にあるのかもしれないが、彼が持っていた不満は正直なものなのだろう。働き方改革が叫ばれる時代になって、意識に多少の変化はあると思うが、こんなふうに思っている男性の国会議員や秘書、官僚はまだ多いように見える。

子育てとの両立で「泣きそうになる」と話していた女性議員もいる。

そんな女性議員たちを見て「よし私もやってみよう」と思う人は、どれだけいるのだろうか。

カネ、制度、票ハラ

「カネの壁」もある。私の知人の男性は以前、自民党から参院選に出ようとして「1億円用意しろ」と言われて断念したと話していた。これほどでなくても、選挙にはカネがかかる。そもそも日本では、立候補者は供託金を事前に納める制度があり、タダでは立候補できない。衆院選の場合、小選挙区は300万円、比例代表は比例単独候補で600万円、重複立候補で300万円かかる。規定の得票数に達しなければ没収され、国の収入になる。男性に比べて、女性の賃金が低いこの国で、蓄えがあって、選挙に打って出られる人がどれだけいるのだろうか。

選挙にカネがかかり過ぎる仕組みを変えないといけない。これは女性候補者だけでなく、男性候補者にとっても大きな問題だ。選挙が終わり、使ったカネを取り返そうとするから、カネ絡みの不祥事が絶えないという面もある。

また衆院の小選挙区という選挙制度も、女性候補の壁になっている。中選挙区のように政党が複数の候補者を立てられる制度ならば女性候補を1人ぐらい立てようという発想になるかもしれないが、小選挙区のように1人の候補者しか当選できなければ、必ず当選できる候補を立てようとする。その場合、家庭や子育てとの両立で活動が制約されやすい女性候補は不利だと見られる。

小選挙区の候補擁立にあたって、政党が現職を優先するのも、女性候補が増えない要因になっている。特に自民党は現職優先の傾向が強い。現職議員には男性が多く、女性候補は、現職が引退したり、空白区を狙って立つため「狭き門」になる。

候補者や政治家に対する「ハラスメントの壁」も大きい。セクハラや、妊娠や出産を理由にした「マタニティ・ハラスメント（マタハラ）」など、女性の政治家も一般の働く女性たちと同じように、多くのハラスメントにさらされている。さらに女性の候補者や政治家の場合は、有権者が票をちらつかせて嫌がらせをする「票ハラスメント（票ハラ）」が加わる。

立憲民主党が2021年の衆院選にあわせて「ハラスメントのない政治・選挙の実現を目指す」として制作したハラスメント防止ポスターは、ズボンをはいた女性候補が支援者ふうの男性と握手をする際に「スカートのほうが票がとれるぞ」と言われて戸惑っている姿を描いた。

私自身、自民党の関係者と女性の立候補問題について話していて「女性が出馬しようと思ったら、男の懐に入り込むぐらいの覚悟がないとやっていけないよ、当たり前じゃない」と言われて、ぞっとしたことがある。

取り残された日本

女性の人材育成も不足している。本来、国会議員はパッと出てなれるとか、なればいいというものではない。最近は、被選挙権年齢を下げて、若者を国会議員に出せるようにしようという意見も盛んで、私も賛成だが、それとはまた別の話として考えてほしい。

有権者の期待に応えて仕事をするには、それまでに地方議会で議員として経験を積んだり、民間企業や地方自治体でキャリアを重ねたり、といったことが必要だ。少なくとも女性の国会議員を増やすには、女性の地方議員をもっと増やす必要があると思う。

しかし、地方議会の女性議員の数も少ない。男女共同参画白書によると、2020年12月末の時点で女性議員の占める割合は、都道府県議会は11・5％、市議会は16・2％、町村議会は11・3％に過ぎない。国政と大差ないように見えるが、地域差が大きい。都市部と地方を比べると地方のほうがより深刻だ。

すべての都道府県議会に女性議員がいる一方、女性が一人もいない「女性ゼロ議会」は市区議会で3・7％あり、町村議会になると29・0％に上る。

地方議員に対するハラスメントの問題もある。2020年度の内閣府の調査では、女性の地方議員の約6割が何らかのハラスメントを受けた経験があると答えている。

候補者を選定する側が男性中心のため、候補者も男性が選ばれやすいという点も見過ごせない。近年は、各政党が国政選挙で候補者公募制度を採用するようになり、現職や世襲でなくても候補者になれる道が広がり、女性議員が立候補しやすい環境が整った面はある。しかし、場合によっては、実際には選ばれる候補者が事実上、決まっていて、形だけの公募が行われたり、選ぶ側が男性中心で女性が少なかったり、という問題が指摘されている。公募制度の改善も必要だ。

制度の話ばかりしてきたが、その前提として、「夫は外で働き、妻は家庭を守るべき」という性別役割分担意識や、「政治は男のもの」という無意識の思い込み（アンコンシャス・バイアス）も影響している。女性自身もそうだが、家族や、支援者にも思い込みがある。

女性議員だと地元に国の予算を引っ張ってこられないのではないか、と支援者が考えて嫌がる傾向があるという話もよく聞く話だ。

しかし、道路や橋をつくる公共事業をいかに持ってくるかで、国会議員が競う時代はもう過去のものだろう。地元の選挙区が関わる課題を見てみれば、公共事業さえ持ってくればいいという単純なものではなくなっている。子育て、教育、医療、介護など課題は多岐にわたり複雑化している。その声をよく聞き、課題解決につなげる力こそが地方議員にも国会議員にも求められているのではないか。女性議員のほうがむしろ力を発揮できるかもしれない。

女性候補を増やすには、ざっくりと見ただけでも、これだけの「壁」がある。だから、何年待とうが、自然に増えることはないだろう。どうすればいいのか。数を増やすには、まず候補者男女均等法を改正し、女性候補の数値目標を各政党に義務づけるしかないと思う。各国が採用しているように、クオータ制を導入すべきだ。

内閣府の調べによると、２０２０年２月時点で世界で１１８ヵ国が、政治分野で候補者や議席の一定数を女性に割り当てるクオータ制を導入しているが、日本では議論が進まない。欧州を中心に世界各国は1990年代後半以降、クオータ制の導入など、さまざまな努力をしてきた。その間に日本はすっかり取り残されてしまった。

どこか他人事

2021年秋の衆院選公示の前日、日本記者クラブが主催して行われた9党党首討論会で、候補者男女均等法の改正について、岸田文雄首相と、当時の立憲民主党代表だった枝野幸男氏に質問が飛んだ。ちなみに2021年は、候補者男女均等法が施行されてから3年となる。「3年後の改正」を目指してきた超党派の議員らは、数値目標の義務化を目指したが実現せず、2021年6月に施行された改正候補者男女均等法には、政党や国、地方自治体にハラスメント防止策を求めることが盛り込まれた。

質問はさらなる改正について尋ねたもので、「法律があっても女性議員の比率は上がってこない。努力義務でなく数値目標を義務化するか、クオータ制の導入まで踏み込む必要があるか」との質問だった。両氏はそれぞれ次のように答えた。とても対照的な答えだった。

〈岸田氏〉

努力目標は大事だが、環境整備、意識改革を進めず、単なる目標や法律の縛りをつくっても、現実はなかなか変わっていかない。政治における女性の皆さんの活躍、新しい時代に女性の皆さんの感覚をしっかり生かしていただくことを考えた場合、これは大変重要な取り組みであると認識しているが、そのためにこそ、国会、議会、また選挙活動、政治活動において、さまざまな環境整備をしていかなければ、「目標あり き」ではなかなか現実は変わっていかない。ぜひ両方をしっかりセットで進めることによって現実を具体的に変えていきたい。

〈枝野氏〉

国政において、パリテを実現に向けてやっていくために、実は我々の仲間も加わって超党派で、衆院で言うと比例代表の重複立候補の制度、参院については比例代表の制度、これの順位の並べ方に柔軟性を持たせる。1位には女性がガーッと同順位で並ぶ。2位には男性がずっと同順位で並ぶ。3位には1位で当選していない女性がざっと並ぶ。こういうやり方を認めていただければ、実は我々はすぐにその制度を導入して、比例代表については必ずパリテになる。男女同数になる。こういう立候補の仕方をしたいと思っている。各党とも大筋異論はないと思うので、できるだけ次の総選挙後にこういう選挙制度を採ることで現実的に男女同数に近い議会、国会をつくっていきたい。

枝野氏は比例代表にクオータ制を導入する具体案を語り、岸田氏は環境整備が必要で、目標ありきでは変わらないとの考えを示した。岸田氏が言う「新しい時代に女性の皆さんの感覚をしっかり生かしていただく」というのも、どこか他人事のように聞こえ危機感が伝わってこない。

まずは数を増やしてから

これまで岸田氏のような意見を随分と聞いてきた。周囲の男性と話していても、数年前まで「目標ありきではうまくいかない。なぜなら能力のない女性を登用せざるを得なくなるからだ」といった意見が多かった。私自身も以前は同じように考えていた。

しかし、どんな選挙の仕組みの議論でも「能力のない男性を登用せざるを得なくなる」という話は聞いたことがない。これだけ不祥事と問題を起こす男性議員が多くても、誰も言わない。女性だけが能力を問題視される傾向がある。それは、女性登用を進めたくないとか、男性が既得権を失いたくないための「言い訳」でなくて、何なのだろうかと、今となっては思う。こうした議論を繰り返している限り、前進は期待できないだろう。

目標ありきで、まず数を増やし、それにあわせて環境を整備するという順番でやらなければならないところまで、もう日本社会は切羽詰まっているのではないか。そのことに「オッサン」たちが気づいていないだけではないのか。

数を増やせば、不都合な部分、足りない部分が見えてくる。嫌でも環境整備しなければならなくなる。そうやって初めて環境整備は進むのではないだろうか。環境整備をしましょう、と声を掛けるだけで進むのなら、誰も苦労はしない。

衆院選では「ジェンダー・多様性」に関わる問題は議論にはなったが、コロナ禍の経済をどう立て直すかが中心で、各党が「バラマキ合戦」と言われるほど財政出動を競った選挙だったため、その陰に隠れてしまった感があった。

総裁選と衆院選を振り返りながら主に自民党の話をしてきたが、野党の状況にも触れておきたい。２０２１年衆院選の結果、野党第1党の立憲民主党は、公示前の議席から14議席減の96議席に後退し、枝野幸男代表が引責辞任した。

枝野氏の後任を選ぶ代表選（２０２１年11月19日告示、11月30日投開票）には、元首相補佐官の逢坂誠二氏、元総務政務官の小川淳也氏、政調会長の泉健太氏、元副厚生労働相の西村智奈美氏の4人が立候補した。

これより2ヵ月前に行われた9月の自民党総裁選で、4人の候補者のうち女性候補が2人だったことから、立憲民主党の代表選では「ジェンダー平等を掲げる立憲が、女性候補を出せないということはあり得ない」と女性候補擁立論が高まり、何とか西村氏の出馬にこぎ着けたかっこうとなった。

決選投票の末、泉氏は逢坂氏を破って新代表になると、「執行役員のメンバーの半数を女性にする」との公約を実現した。西村氏は幹事長に起用された。泉氏は西村氏を起用した狙いについて「共に党再生に取り組んでほしい。多様性の尊重を訴えてきた政党としてジェンダー平等を具現化したい」と語っている。

立憲民主党の代表選に女性候補が出馬することができ、幹事長に就任したことは、男性役員が目立ってきたこの党にとって一歩前進でよかったと思う。多少、無理筋と思われることであっても、とにかく思い切って実現することで、足りないことが見えてくるものだ。

日本記者クラブの代表質問者に

最後にこの章のテーマとはややずれるが、2021年秋の自民党総裁選、衆院選、立憲民主党代表選で、日本記者クラブが主催して行われた党首討論会や候補者討論会における代表質問者について、聞かれる機会が多いので紹介しておきたい。

国政選挙の際、日本記者クラブを代表して質問する記者たちは、これまでほとんど男性で、女性は総合司会という役回りが多かった。日本記者クラブ事務局によると、国政選挙の党首討論会は、２００３年までは女性が代表質問者に入っていたが、それ以降の十数年間はいなかった。女性が久しぶりに選ばれたのは、２０１９年の参院選の時で、毎日新聞の論説委員だった福本容子さんだった。２０２１年秋の自民党総裁選と衆院選では、それぞれ４人の代表質問者のうち１人が女性となった。私がその役目を務めさせていただいた。立憲民主党の代表選ではやはり女性が１人選ばれ、産経新聞の前政治部長だった佐々木美恵さんが質問した。

2021年９月、日本記者クラブ主催の自民党総裁選立候補者討論会で代表質問をする筆者（日本記者クラブ提供／津野義和撮影）

代表質問者は日本記者クラブの中で専門分野などを考慮して選ばれる。この時の自民党総裁選、衆院選、立憲民主党代表選で、女性が代表質問者に選ばれたのは、前年の２０２０年9月の自民党総裁選の際、日本記者クラブ主催の候補者討論会で、女性政策を質問された石破茂氏が、記者側に「（質問者も）司会を除いて、みんな男性ですよね」と一矢報いた成果だったのではないかと思う。

２０２１年秋の自民党総裁選と衆院選の日本記者クラブ討論会では、「ジェンダー・多様性」に関わる問題で、話題になる出来事があった。

総裁選の候補者討論会では、第１部の候補者同士の討論に続く、第２部の記者４人による代表質問の中で、外交・安全保障の質問が、外相経験者である岸田氏と河野氏の２人に集中した。その結果、野田氏と高市氏の女性２人の発言のない時間がしばらく続いたため、２人が外されているように感じた人がいたようで、特に高市氏を支援する人たちから批判の声が出た。

質問はニュース性を重視するため、候補者に均等に聞くとは限らないとあらかじめ断っており、質問する立場からすれば、そういう意図はまったくなかった。外交・安全保障というテーマの重さから外相経験者に質問が集中したので、おそらく野田氏や高市氏が外相経験者だったら、そこに質問が集中することになっただろう。しかし、女性を外しているという印象を一部にでも与えてしまったのだとしたら、細心の注意が必要だということが、今後の教訓になった出来事だった。

また、衆院選の９党党首討論会では、討論会の終盤で、選択的夫婦別姓を導入するための法案と、LGBT理解増進法案について、次期通常国会への法案提出に賛成の人に挙手をしてもらう質問をした。結果は、9人のうち真ん中に座っていた岸田氏だけが、両法案とも手を挙げないという、視覚的にもわかりやすい結果となった。

複雑な政策テーマについて二択で答えを迫るやり方には賛否両論があると思うし、両法案を並べて扱うことに、別々に取り扱ってほしいと思った人もいるだろう。一方、終了後しばらくたっても「あの質問がよかった」とわざわざ声をかけてくれる人もいる。

衆院選の9党党首討論会に先立ち、たまたま当日の毎日新聞の朝刊で、上智大教授の三浦まり氏が、2019年参院選の日本記者クラブ主催の党首討論会で、やはり選択的夫婦別姓について挙手質問が行われた時のことを紹介していた。三浦氏は「ジェンダーを巡る政策は端に追いやられてきた。変化したのは2019年参院選だ。日本記者クラブ主催の党首討論で選択的夫婦別姓に賛成か問われた際、安倍晋三元首相だけが手を挙げなかった。ジェンダー問題が争点になった象徴的な出来事で、衆院選はそれから初めて迎える総選挙になる」とインタビューに答えていた。

その衆院選の結果は前述した通り、女性議員は減り、自民党は絶対安定多数を確保し、立憲民主党は敗退して党代表が辞任する事態になり、ジェンダー政策は注目を集めながらもなかなか進まないという状況が続いている。

第五章　壁を壊すには

再チャレンジの機会

今もなお厚い「オッサンの壁」のある社会で、女性たちが「生きづらさ」を感じず、気持ちよく働ける環境を実現するためには、何が必要なのだろうか。終章となる第五章では、私の友人や知人の女性たちの話を参考にしながら、そのことについて考えたい。

私の知り合いの女性記者で、子ども2人を育てながら働き続け、新聞社で管理職にまでなった人がいる。夫も記者のため常に忙しく苦労は多かったが、幸い夫婦とも東京出身で両親が元気で都内に住んでいたため、サポートが受けられ、続けられたという。それでも独身時代に所属していた部署に、最初の子どもを産んで久しぶりに戻った時の周囲の「空気の変わり方」にはショックを受けた。「ああ、あなたは子どもができたんだよね。そこまでやらなくていいよ、無理はしないで」「日曜日は働ける？」「省庁の担当はできないよね」。周囲が気を遣って言ってくれているのはわかっているが、「自分は両親のサポートもあって、これまでと変わらずに仕事ができるのに」と腹が立ち、悔しかったという。

彼女は週に一日だけ午後6時ごろに帰宅するという働き方で、それ以外は独身時代とほぼ変わらないように働いた。残業ができることを前提に社会のあり方を考えるのがそもそも間違っているのだが、新聞社の場合は毎日の朝刊の締め切りまで作業が深夜に及ぶという問題がある。それでも「残業はまだできたとしても、キャリアアップのための転勤をどう乗り越えるかは難しい課題」と話す。子どものいる女性記者は転勤を避けて、本社のほかの部署に異動させるケースが、男性記者や独身の女性記者に比べると比較的多い。何度も転勤を繰り返す男性記者や独身の女性記者の中には、内心、不公平感や不満がくすぶっていることがある。新型コロナウイルス感染症の影響で、テレワークやオンライン化が進み、転勤をしなくてもいい働き方が模索されるようになってきたが、全国紙の新聞社の場合は、転勤をなくすことはなかなか難しい。

彼女は、第三章で登場した子どものいる女性記者と同じように「女性が細く長く働けるようになればいい」と考えている。つまり、残業や転勤が難しい時期が一時期あっても、子どもの手が離れて可能になったら、再び男性と同じように転勤にもチャレンジしながら働けばいいということだ。「そうやって女性記者を育てるべきだ。女性もあきらめたり、避けたりせずに、そうしてキャリアアップに挑戦してほしい」と話す。

私の学生時代からの友人の女性は、日本の会社で女性が働く難しさを感じている。

彼女は日米両国の特許事務所でそれぞれ数年間ずつ特許実務や翻訳の仕事をした経験があり、現在はフリーで活動している。「一時期勤めた日本の一般企業では、専門的な知識が必要な仕事は部下に任せ、主に部下の管理を仕事としている管理職の『おじさん』たちがいて驚いた。特許事務所では、上司にあたる弁理士が専門知識と経験を生かして部下以上に働いていたから」という。彼女は、自分が仕事を続けてこられたのは専門職だからだと考えている。彼女には息子しかいないが、もしも娘がいたら「医師でも研究者でもいいから、とにかく専門的な仕事に就きなさい」と勧めるそうだ。「自分の友達を見ても、会社勤めの女性たちは、皆辞めてしまった。続いているのは、医師や教師の友達だけ。日本の会社で女性がキャリアを積み、結婚、出産しても長く働き続けることは、ハードルが高い」と考えている。

やはり「数」の問題

これまで、専ら女性がどうやって家庭と仕事を両立して働けばいいのかという観点から話してきたが、当然のことながら、それは男性がどのように家庭と仕事を両立して働くべきかという問題と表裏一体でもある。育児や介護に集中しなければならない人生の一時期、男性が短時間勤務を選択して家庭の仕事を主に担い、妻が目一杯、外で働くということが、もっとあっていい。しかし、第三章でも触れたように、厚生労働省の雇用均等基本調査が示す育児休業の取得率は、２０２０年度時点で女性81・６％に対し、男性は12・６５％に過ぎない。

女性が仕事をして家庭も守り、深夜まで仕事で家に帰ってこない夫を支えるというモデルはもう限界がきていると私は思う。限界なのに、問題を解消するシステムを整備せず、女性がそのしわ寄せを受けて、ひたすら頑張って、しかも低い賃金で働いている。そういう男女の働き方を支えているのが、女性の非正規労働者の割合が高いという構造だ。総務省の労働力調査によると2020年時点で、女性は雇用者の54・4％が非正規雇用労働者なのに対し、男性の非正規雇用労働者は22・1％で、圧倒的な差がある。

女性がしわ寄せを受けるシステムを変えていくには、どうすればいいのだろうか。私の友人で、海外勤務経験の長い女性の話を参考に考えてみよう。

友人が重視するのは、女性の「数」だ。

彼女は日本の銀行、国際機関を経て、現在はエネルギー企業に勤務し、アメリカやアジアなど15年以上の海外勤務経験を持つ。私と同じように男女雇用機会均等法の第1世代だ。日本の銀行に入行した時、総合職166人のうち女性は4人で、そのうちの一人だった。

彼女との出会いは、2001年10月から3年半の私のワシントン特派員時代にさかのぼる。ワシントンD.C.での生活が米同時多発テロ直後に始まったため、私は愛国心の盛り上がる米国が対テロ戦争へ突入していく様を間近に見ることになった。ワシントンは各国からの駐在員が集まる首都だが、当時は、米国人たちが「パトリオット（愛国者）」かどうかを競い合うような雰囲気があり、外国人として生活することの息苦しさを感じながら、ひたすら忙しく仕事をこなす日々だった。そんな中で、ニューヨークやワシントンの国際機関で働く日本人女性たちと、たまの休日に、私生活から仕事上の悩みまで笑いながら語り合うのは、貴重な機会だった。彼女たちは、その後、世界を飛び回っている人もいれば、日本で仕事をしている人もいる。

私が「女性たちが気持ちよく働ける環境を実現するためには、何が必要なのか意見を聞きたい」とオンラインのビデオ通話で連絡すると、彼女は開口一番「この30年間、働く女性を取り巻く環境でよくなった部分はいろいろあるが、あまりにも進みが遅い」とため息をついた。

彼女はジェンダー平等の問題で取材を受けることも多く「女性が活躍するためにはどうしたらいいか。どんな資質が必要なのか」とよく聞かれるという。そのたびに「女性に何かが欠けているのではなく、女性が働きやすい社会やシステムを構築することが一番の課題ではないだろうか。女性はもうこれ以上、頑張らなくてもいい。クオータ制の導入によって女性の管理職を増やしたり、男性の残業時間削減や育児参加を進めたりするなど、強制的にシステムを整えない限り、今の状況は変わらない」と思うそうだ。

日本の銀行に勤めていた時、人数の少ない女性総合職の一挙手一投足が注目された。「そんなの疲れちゃうよね。最低3割いれば、誰もジェンダーなんて気にしなくなるのではないか」と振り返る。

性別役割の「意識」改革

彼女が「クオータ制が必要」と考えるようになったのには、過去の強烈な経験が影響している。2015〜2016年、UAE（アラブ首長国連邦）のアブダビ国営石油会社（ADNOC）と一般財団法人国際石油交流センター（JCPP）が設立した「女性のキャリア開発に向けた友好委員会」の日本側メンバーの一員として、アブダビを訪れた時のことだ。UAE側の石油会社の女性社員と名刺交換すると、彼女たちのほとんどは「ディレクター」や「マネージャー」など、管理職の肩書を持っていた。驚いて理由を尋ねると、それより10年ほど前に、UAEの指導層が将来の石油枯渇を憂慮し「このままでは経済が成り立たなくなる」「人口の半分を占める女性の能力を活用しないままではもったいない」と考え、イスラム教の影響で妻を家に置いておきたい夫たちに対して、妻が外で働けるよう大号令をかけたそうだ。さらにUAEの基幹産業の中心的存在であるADNOCでは、女性の多くをワンランク以上強制的に昇進させ、海外留学や職場研修を通して積極的に育てたと説明されたという。

ちなみに世界経済フォーラム（WEF）が発表した2015年当時の「ジェンダーギャップ指数」は、日本101位、UAE119位だったが、UAEはそうした努力によって2021年には72位に躍進したのに対し、日本は120位に大きく後退している。

「クオータ制にすると逆差別ではないか」との意見があることについてどう思うか、と彼女に聞くと、「これまで男性が下駄をはいていたのだから、今度は女性が下駄をはく番、と考えればいいよね。この考え、けっこう男性も笑って受け入れてくれる」と話す。

「女性は管理職やリーダーになりたがらない」という言い方をする人たちも多い。しかし、彼女によれば「それは子どものころから、大きくなったら例えば、保育士や看護師になりたいと思うように『女性らしさ』を教育されてきたからではないか。教育が変われば考え方も変わるし、ポジションが人を育てる面はある」と言う。

それから、これは女性の「数」というより、男女の性別役割意識に関わる問題になるが、彼女には国際機関で働いていた時代に忘れられない経験がある。彼女が所属する部のコピーや日程管理などアドミ（管理部門の事務サポート業務）を担当していた男性は、米国の名門ジョージタウン大学卒の経済学士だった。彼はこともなげにこう言ったという。「僕は趣味もあるから定時に帰宅したい、バリバリ働いている妻を支えたい。子どももいるしね」。国際機関では男性アシスタントはそれほど珍しくなかったのである。また、妻の転勤に合わせて2年間休暇を取ってついていく男性、親の介護のためにイスラエルのテルアビブに住み、テレワークで働く社員もいた。

社員のライフスタイルに合わせた多様な働き方を認めていくようになれば、女性が活躍できる環境も整うはずだ。そして、こうした多様性が認められる社会になれば、これまで「男性が一家の稼ぎ頭になるべき」「アシスタント的仕事は男性のすべき仕事ではない」といった、実は男性を縛っていたステレオタイプから男性を解放することにもなるのではないか。

「男性が既得権益として守ってきたものを手放してみたら、たいしたことはなかった、手放したほうがかえって幸せになれる、と気がつくこともあるのではないか。日本人の幸福度も絶対にアップすると思う」。彼女はそう語る。

女性が「お金」を稼げる社会

もう一人、海外勤務経験の長い友人女性の話を聞いてみよう。世界銀行などを経て日本で起業した彼女は、自身の専門分野でもある「お金」に着目する。女性に「お金」が回り、女性が稼ぐことのできる社会にしていく必要性を感じている。

彼女が世界に飛び出すきっかけは、「昔、日本の銀行に勤めていたころ、家事をやったうえに男性と競争しないといけないと思い込んでいた。自分の中にメンタルバリア（心の壁）があった。でもそんなふうにして働き続けるのは無理だと思った。それに私はもともと怠け者だから、どうしたら楽をしてお金を稼げるかなと考えて、留学しようと思った」ということだったそうだ。

「女性たちが気持ちよく働ける環境を実現するには何が必要か」との私の問いに、彼女は、「お金」の視点から次のように語る。

「女性にいかにお金が回らない仕組みになっているか、お金の差別があるということをまず言いたい。賃金もそうだし、スタートアップ企業への支援なんか典型的だと思う。それは金融の世界に女性が少なく、お金の出し手が圧倒的に男性が多いのが一因ではないか。誰だって自分がよくわかる人やものにお金を出したいじゃない？　金融の世界にもっと女性が進出する必要があるし、経済も政治もすべてつながっている。全体で底上げしていかないと」

では女性の賃金が低いのは、なぜなのだろう。

「正規従業員でいえば、管理職以上に女性が少ないのと、給料の低い層で働く女性が多いから。さらに非正規従業員は女性の割合が多いから、正規・非正規を含めた全体では、男女の賃金格差はもっと開く。でも管理職で机に座っているだけのおじさんの給料が高くて、エッセンシャルワーカーの女性の賃金が低いのって、何かジャスティフィケーション（正当化できる理由）があると思う？　お金を稼ぐのは大事です。社会的な発言力はお金を稼ぐ力と関係するから」

そして根本的な要因として、「日本社会の場合は『男は仕事、女性は家庭』という役割分担への思い込みが強くあって、女性がお金を稼ぐのは『はしたない』という文化がまだあることが影響しているのではないか」とみている。「女性差別とは少し違う気がする。だって世界中探しても、日本のように、夫が妻に給料を全部渡す国なんてほとんどない。女性を差別していたら、そんなことはしないでしょ」。

処方箋としては「女性たちがまず自分に自信を持つこと。女性は2〜3割増しぐらいに自信を持って初めて男性と同程度になる。給与アップの交渉ができる人は、交渉すべき。そして、自分が何をやりたいかを直視し、そのために必要なヘルプを遠慮なく人に求めること」と矢継ぎ早に語った。

どれも深く納得できる話ばかりだが、私の心に特に刺さったのは、女性が「お金」を稼げるようになることが重要だということと、女性の賃金が低いことに正当化できる理由はないという指摘だった。

労働時間は女性のみM字型の分布

労働時間別就業者の割合（2020年。出所は総務省）

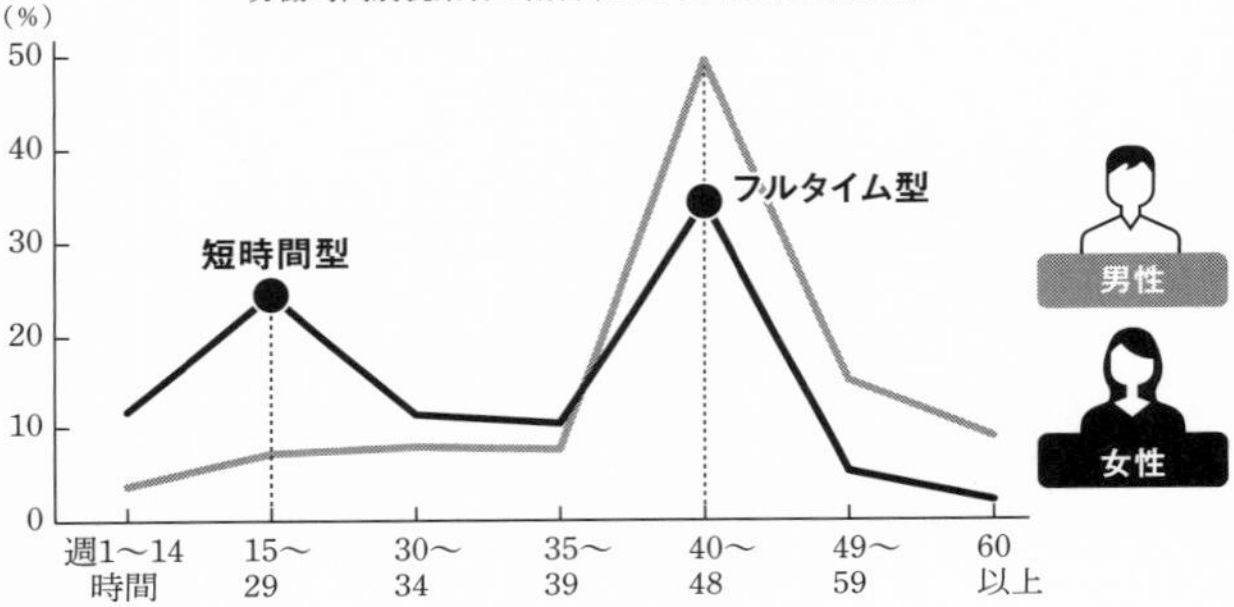

彼女と話をしながら、私は日経新聞が2022年1月16日朝刊1面トップで掲載した「女性就労 もう一つのM字 労働時間差が映す男女不平等」という記事を思い浮かべた。女性が出産や育児で離職するため30代を中心に就業率が下がる「M字カーブ」が解消に向かう一方で、労働時間に着目すると、女性の場合だけフルタイムと短時間の2つの山による「もう一つのM字カーブ」が浮き出るという趣旨の記事だった。出産や育児で辞めなくてもいいようになり働く女性は増えたが、内実は非正規従業員が多く、フルタイムで働く正社員の割合を見れば、男女格差はまだ大きいという「なお残る社会のひずみ」が、グラフで一目でよくわかる。「日本は正社員で働く負担があまりに重い」との専門家のコメントを紹介し、日常的な残業や、キャリアパスとして定着する転勤など、家庭生活との両立を難しくする要因を示し、そのしわ寄せが女性に偏っ

ていると指摘する、よい記事だった。

女性が金融をはじめ進出の遅れている分野にもっと進出して、高い賃金を稼ぐようになるべきだし、非正規や賃金が低い仕事は女性が多いという現状を変えていく必要がある。

２０２０年に始まった新型コロナウイルスのパンデミック（世界的流行）は、女性をはじめ、社会で弱い立場にある人々にしわ寄せがいく世の中の現状をあぶり出した。コロナ禍の打撃が大きかった飲食業や宿泊業に、雇用の調整弁になりやすい非正規労働者の女性が多いことが影響した。コロナ禍で解雇や雇い止めにあう女性が増え、生活不安を抱いた夫から受ける家庭内暴力（ＤＶ）被害の相談が増え、テレワークの普及で家事の負担が増え、自殺する女性が増えた。彼女（She　シー）と不況（Recession　リセッション）を組み合わせた「女性不況」（She-Cession　シーセッション）という造語まで生まれた。女性の貧困、女性への差別がコロナ禍で誰の目にも見えるように可視化された。この構造は、これ以上、放置してはいけない。女性や社会の弱い立場の人々にしわ寄せがいく社会を許していいはずがない。

ロールモデル不在の「定年女子」

私もそろそろ定年の60歳が近づいてきて、社内外の先輩「定年女子」の話を聞く機会が増えた。そこで感じるのが、またしても「オッサンの壁」だ。

第2の就職先探しは誰でも苦労するが、やはり女性のほうが難しいように見える。ある時、転職会社の人と話す機会があり「女性の転職は難しいでしょう?」と聞くと、「いや、そうでもないですよ。言葉は悪いが、女性は希少価値があり、需要はあります」と言われたことがあるが、にわかには信じられない。

一般的に、男性は男性同士の強固なネットワークがここでも働いて、誰かが世話をすることが女性よりはずっと多いように見える。男性は定年退職後の「顧問」という肩書も好きで、付けたがる人がいると、じゃあ考えようかと受け入れられやすいように見える。女性の場合はほとんどない。女性はネットワークが乏しく、ロールモデルも少ない。

定年まで第一線で働き続ける女性が増えてくると、このことは大きな問題になってくるのではないかと思う。社外取締役や大学教授のように華々しく活躍できる女性はいいが、大半はそうではない。『定年女子』(岸本裕紀子著)を原案に、NHKのBSプレミアムが2017年にテレビドラマ『定年女子』を放映したこともあった。

働く女性たちが定年後にどう生きるか、そのロールモデルがなければ、不安を感じるだろう。ここでも「男性は妻子を養っていかないといけない。子どもは独立しても、妻がいる。それに比べると、女性は夫がいるのだし、独身女性ならば一人で食べていけるぐらいの蓄えはあるだろう」という声が聞こえてきそうだ。

もし定年後の人生にまで、性別役割分担意識が影響してくるのなら、女性はやり切れない。働くということはそういうことではない。誰もが平等に働くことへのアクセス権を与えられるべきではないだろうか。

多様性の時代のリーダー

オッサンたちは「ああ、女って面倒臭い」と考えているかもしれない。これまで男社会で、あまり説明しなくても、阿吽《あうん》の呼吸で飲み込み、筋違いや理不尽なことがあっても男は家族のために我慢して耐えて皆やってきてくれたのに、と思っている人も多いかもしれない。だが多様性というのは、ある意味、面倒臭いことを避けては実現されないことだ。阿吽の呼吸で飲み込んで、皆が動く時代は終わった。女性の話ばかりしてきたが、これは障害を持つ人たちとの関係でも、性的な少数者との関係でも、共通することではないだろうか。

リーダーは、世界にアンテナを張り、面倒臭いことを避けず、それを解決するためにコミュニケーションを積極的に取る必要がある。かつてのように課題と解答が明確な時代ならば、トップダウンで「俺についてこい」というリーダーでよかったかもしれない。しかし、今は課題と解答が見えない時代だからこそ、多様な人々を生かせるリーダー、コミュニケーション能力の高いリーダー、チームをつくるのがうまいリーダーが求められる。それはもしかしたら男性以上に女性に適性があることなのかもしれない。

子どもを抱えて仕事をしている後輩の女性記者と話していたら、こんなことを言っていたことがある。「取材はチームです。記者一人一人の個性や適性を知ることのできる『人を見る力』と、それぞれの長所を伸ばせるような『人を伸ばす力』を持っている人にリーダーになってほしい」。他の業界にも通じることだと思う。

彼女はこうも言っていた。「私たちは佐藤さんのようには働けない。私たちと同じような土俵に立ち、着実に歩んできた女性にリーダーになってほしい」。

私は「随分はっきりと言うな」とちょっと悔しかったのが半分と、もう半分は「そうだろうな」と納得せざるを得ない気持ちで聞いていた。

私は男女雇用機会均等法が施行された翌年に新聞社に入社し、政治記者として生きてきた。永田町、霞が関、新聞社という私のメインフィールドは、いずれも、それなりの収入や社会的立場のある男たちの社会だった。彼らの多くは、生まれながらに男性という下駄をはき、男性優位の社会に疑問を抱いていないように見えた。その中に今から約30年前に放り込まれた私は、「オッサン」社会に違和感を感じながらも、同調する生き方を選んだ。

知り合いの女性政治記者の中には「私はこんなの無理」と言って、早々と他の部署へ移っていった人も多い。当時は「ドロップアウトするなんて」と不満に思って見ていた私だが、今ではそれは正しい選択だったのだろうと思う。一方で、自分の生き方にも悔いはない。第一章でも書いたように、私は「女性は能力がなくて仕事ができないのではなく、環境がそうさせないだけなのだ」と、自分が男性と同じように働くことで証明したかったのだと思う。勝手な思い込みと気負いであり、そんなことに何の意味もないのはわかっているが、そうせざるを得なかったのだ。人生とはそういうものかもしれない。

そして今や「女性は能力がなくて仕事ができないのではなく、環境がそうさせないだけなのだ」と誰もが理解する時代になった。あとは環境をどう具体的に変えるかだけだ。オッサンは自分たちがはいてきた下駄を見つめ直し、女性をはじめ社会の弱い立場に置かれている人たちの足元を見てほしい。そして世の中を変える一歩を踏み出してほしい。

これからの若い世代の女性たちは、必ず時代は変わる、社会はよくなると信じて、この先の道を力強く歩んでほしい。

「オッサンの壁」は越えるものではない。壊すものだ。

おわりに

ある日、見知らぬ人から突然、メールが届いた。「男性社会の『壁』に女性たちはどう向き合えばいいのか、政治部長になった自身の来し方を振り返りながら、本を書いてほしい」。編集者からの依頼だった。

少し考えた。正直に告白すれば「そういう本を書けば、一定数の男性たちは反発するだろう。男性社会に食い込むことを求められる政治取材はやりにくくなるだろうし、場合によっては会社にも居づらくなるかもしれない」と、とっさに頭の中で計算が働いた。それでも「私も興味のあるテーマなので、ぜひお引き受けしたい」と回答した。自分ではもっと長い間、迷ったと思っていたが、後から調べてみると、1時間半後には承諾のメールをしていた。

これまで私は女性政策の取材には縁がなく、書けるかどうか何の自信もない中で即断したのは、新型コロナウイルスの世界的流行（パンデミック）が影響していたと思う。本編でも書いたが、コロナで非正規従業員のくらしが直撃され、これまで見過ごされてきた女性の貧困が誰の目にも明らかなように、可視化された。女性であるというだけの理由で、正規従業員として働く機会が狭められ、低賃金の非正規従業員として働き、何かあれば簡単に雇い止めにあうことに、大きなショックを受けた。

「何を今さら。あなたたちメディアがきちんと問題を表面化させるように取り上げてこなかったからでしょ」と言われれば、返す言葉がない。

「女性の置かれた環境をこのままにしていてはいけない。自分のできる範囲のことをまずやってみよう」。本の執筆の動機を問われれば、このことに尽きる。

この本にはコロナで仕事がなくなって困っているという女性は直接登場しない。自分の経験談のほかは、私の高校生時代以降の友人や知人ら周囲の人たちの話で構成している。フリーライターをしているシングルマザーの友人もいるが、久しぶりに電話したら「私は別にコロナで困っていないよ。仕事もあるし、娘も順調に育っているから。でも本は楽しみに読むよ」と言われた。

「女性たちがこんなに困っている」という声を取材して本に盛り込むことはできたかもしれないが、付け焼刃でやっても、やはり借り物の表現になってしまうので、避けた。だから、働く女性たちの「壁」を網羅的に取り上げた本ではない。その代わり、自分が直接経験したり、親しい人たちから昔聞いた話を改めて聞き直して肉付けしたりして、リアルな話のみで構成したつもりだ。

友人の中には転勤と引っ越しで忙しい時期にあたり、こちらが話を聞いていいものか迷っていると「いいの、いいの。どんなに忙しくても、この話（働く女性の壁）だけはするわ。私が話をしたいのだから、気にしないで」と言ってくれた人もいた。

執筆にあたり数十人の友人・知人の女性に声をかけて改めて話を聞いたが、彼女たちは一人も誘いを断らなかった。むしろ積極的に協力し、自分たちの言葉で、どんなことがあったか、何が問題かをわかりやすく、説得力をもって語ってくれた。話を聞くうち、まるで自分自身もその人生を一緒に歩んでいるような錯覚に陥ったこともある。

本編には登場しないが、実は男性の友人や知人にも何人か話を聞いた。親しくしている男性の中堅衆院議員からは「そういう本を書いて大丈夫なの？　佐藤さん、会社、辞めさせられちゃうんじゃないの」と心配された。ちょうど同席していた他社の男性記者が「うーん、それはイエス・アンド・ノー（そうとも言えるし、そうでないとも言える）だね。辞めさせられはしないけど、居づらくなるかもね」と解説した。

しかし、「おお、面白いな。僕のことを書いてもいいよ」という反応も多かった。話を聞くうちに、何となく納得がいった。「僕ら男はどうしていいのか、よくわからないんだよ。わかるように書いてほしい」と酔っぱらった末に言う人がいたし、そこまではっきり言わない男性でも、戸惑っているのが伝わってきたからだ。

私が政治記者をやっているので、周囲の知人男性には、政治や経済に詳しい人が多い。政治家、官僚、記者など、立場は違っても、男性たちはそれぞれ政治や経済の話を雄弁に語る。しかし、女性に関わる問題になると、自分の言葉を持たない男性がけっこう多い。「ジェンダー平等？　それは大事な問題だよね」「選択的夫婦別姓？　わかるよ、改姓すると女性たちは自己喪失感を感じるんでしょ」といった具合だ。私は話をしながら「あれ、どうしたの？　いつも自慢げに政策を語るのに。もしかして、女性問題はあまり真剣に考えたことがなかったのかな」と内心、突っ込みを入れながら聞くことが何度かあった。

自分の言葉で滔々《とうとう》と語る女性たちと、言葉を持たずに戸惑う男性たち。当事者かどうかの違いと言われるかもしれないが、男性は立派な当事者なのに、それに気づいていないだけなのではないか。だから私はこの本を女性はもちろんだが、「オッサン」に読んでもらいたいと思っている。女性の生きづらさは、男性の問題でもある。女性が生きづらい社会は、男性だって肩肘張っているが本当は生きづらい社会なのではないか。

最後にこの本の編集者である講談社現代新書の井本麻紀さんに敬意を込めて御礼を申し上げたい。冒頭のメールの主であり、彼女の着眼と熱意がなければ、この本は生まれなかった。

本を書き終えて、私は主に自分の話を書いたものなのに、自分の本ではないような妙な感覚をおぼえている。多くの女性たちの話を聞き、その人生を追体験したからではないかと思う。女性たちの思いが詰まったこの本が、読んでくださる方々の心にさざ波を立て、その波紋がじわじわと広がってくれればと願っている。

佐藤千矢子

2022年春

N.D.C. 916　234p　18cm
ISBN978-4-06-527753-9

講談社現代新書　2658
オッサンの壁《かべ》
二〇二二年四月二〇日第一刷発行　二〇二二年六月三〇日第二刷発行

著者　佐《さ》藤《とう》千《ち》矢《や》子《こ》　

発行者　鈴木章一
発行所　株式会社講談社
東京都文京区音羽二丁目一二―二一　郵便番号一一二―八〇〇一
電話　〇三―五三九五―三五二一　編集（現代新書）
〇三―五三九五―四四一五　販売
〇三―五三九五―三六一五　業務
装幀者　中島英樹
印刷所　株式会社新藤慶昌堂
製本所　株式会社国宝社
定価はカバーに表示してあります　Printed in Japan

「講談社現代新書」の刊行にあたって

教養は万人が身をもって養い創造すべきものであって、一部の専門家の占有物として、ただ一方的に人々の手もとに配布され伝達されうるものではありません。

しかし、不幸にしてわが国の現状では、教養の重要な養いとなるべき書物は、ほとんど講壇からの天下りや単なる解説に終始し、知識技術を真剣に希求する青少年・学生・一般民衆の根本的な疑問や興味は、けっして十分に答えられ、解きほぐされ、手引きされることがありません。万人の内奥から発した真正の教養への芽ばえが、こうして放置され、むなしく滅びさる運命にゆだねられているのです。

このことは、中・高校だけで教育をおわる人々の成長をはばんでいるだけでなく、大学に進んだり、インテリと目されたりする人々の精神力の健康さえもむしばみ、わが国の文化の実質をまことに脆弱なものにしています。単なる博識以上の根強い思索力・判断力、および確かな技術にささえられた教養を必要とする日本の将来にとって、これは真剣に憂慮されなければならない事態であるといわなければなりません。

わたしたちの「講談社現代新書」は、この事態の克服を意図して計画されたものです。これによってわたしたちは、講壇からの天下りでもなく、単なる解説書でもない、もっぱら万人の魂に生ずる初発的かつ根本的な問題をとらえ、掘り起こし、手引きし、しかも最新の知識への展望を万人に確立させる書物を、新しく世の中に送り出したいと念願しています。

わたしたちは、創業以来民衆を対象とする啓蒙の仕事に専心してきた講談社にとって、これこそもっともふさわしい課題であり、伝統ある出版社としての義務でもあると考えているのです。

一九六四年四月　野間省一